新入者安全衛生テキスト

中央労働災害防止協会

もくじ

Ⅴ. 安全な仕事の進め方   51

4

デザイン / イラストレーション：ア・ロゥデザイン

I はじめに

　安全と健康は、生きていく上でとても大切なことで、ケガや病気をしないようにするということです。みなさんも、学校や生活の場で安全と健康についての知識を身に付け、一般的なことは理解していると思いますが、社会人となり社会生活の中では、具体的にどのようにすればいいのでしょうか?

　会社は、さまざまな資源(社員などの人の力、情報、原料などの物質、機械・装置、エネルギー、空間など)を活用して組織として仕事をし、社会に求められるアウトプットを出していきます。その中では、取り扱い方を間違えるとケガや病気になるようなものを使うこともあるかもしれませんし、組織として仕事をするために生じる人間関係などの問題もあるかもしれません。このようなことが、仕事との関連での安全と健康の課題です。

　会社で仕事をする上で、みなさんの安全と健康を守るための取り組みを「安全衛生管理」と言います。安全衛生管理に関する基準や施策は、みなさんの安全と健康を守るために「どのように仕事を進めたらいいのか」「どのような対策をしたらいいのか」について、職場の経験や国内外で長年の間に蓄積された知恵と研究の成果をもとに整理され実行されてきました。

　このテキストは、みなさんが会社に入り、安全で健康に仕事をしていくために共通して知っておいてもらいたいことの概要をまとめたものです。すぐには役に立たないこともあるかもしれませんし、自分とは関係ないと思うこともあるかもしれませんが、安全衛生管理は仕事の基本ですのでしっかり勉強してください。ただし、実際には、必要な安全衛生管理の内容は職場や仕事ごとに異なりますので、上司や先輩に具体的に教えてもらってください。必要な知識と技能をしっかり身に付けて、ケガや病気をすることなく充実した会社生活を送ってもらいたいと思います。

Ⅱ 安全につながる仕事の基本

　私たちにとって、職場は仕事をすることで社会に貢献し、収入を得る場所です。責任を持って自分の仕事をやり遂げることは当然として、安全にいい仕事ができるようにするという気持ちも大切です。仕事をする中で、ケガをしたり、病気になったりするようなことがあれば、いい仕事だとは言えないでしょう。会社はみなさんがケガをしたり、病気になったりしないようにさまざまな対策を実施しますが、みなさん一人ひとりも、安全衛生に関する知識を職場で活かして、自分自身と同僚が安全と健康を損ねることがないようにしなければなりません。そのためにも、仕事をする上での基本ルールを身に付けましょう。

　出勤したときや職場を離れるときなど、職場の上司や先輩、同僚にキチンとあいさつをしましょう。あいさつは、職場で一緒に働いているということを伝えるとてもいい方法で、仕事を進めるためのコミュニケーションの第一歩です。他部門の人や仕事を分担している関係先の会社の人に対しても同じです。みなさんからあいさつをすることによって円滑な仕事につながります。「安全はあいさつから」とも言われています。

　会社を訪ねてこられたお客様などの社外の人と顔を合わせたときや、みなさんが他の職場や会社を訪ねるときも同じで、あいさつが出会った人の心の扉を開きます。

　お礼のあいさつもとても大切です。「ありがとうございました」の一言が、次の機会にもサポートしてあげようという気持ちを持ってもらうことにつながります。

○○に
いってきます

いって
らっしゃい

もどりました

おかえりなさい

お先に
失礼します

職場独自のあいさつがある
場合もあります

おはよう
ございます

お疲れさま
でした

ご安全に

❷ キチンとした仕事

　仕事のやり方は、上司や先輩から教えられたり、会社の規則等を勉強したりすることによって身に付けていきます。仕事でのケガやトラブルは決められたことや教えられたことを実施しない、実施できないために起きることが少なくありません。仕事の正しいやり方が身に付くまで、手順を一つ一つ確認し、上司や先輩に教えてもらいながら仕事をすることが大切です。「わからないこと」をわからないままにやってしまってはいけません。

　また、知識として教えてもらったこと、テキストなどで勉強したこと、書類やメールで得た情報・データなどだけですべてを理解しているような気になることがありますが、実際の状況がどうなっているかは現場や現物で確かめなければわからないことがたくさんあります。積極的に上司や先輩に同行して実際に現場や現物を把握するようにしましょう。ただし、一人で勝手に行動することは厳禁です。

　さらに気を付けたいのが、ある程度仕事に慣れてきたときです。会社や仕事に慣れてくると、自分の判断で仕事のやり方を変えたり、手を抜いたりする人が出てきます。結果として、次の工程や仕上がり（仕事の成果や製品の出来具合など）に影響したり、大きなトラブルやケガにつながったりすることがあります。慣れてきたからといって手を抜くことがあってはいけません。良かれと思っての変更も、上司に申し出て、安全や他工程への影響などを考えた判断をしてもらいましょう。確認してから次のステップへ進む（やり方などを変える）ということをいつも心がけるようにしましょう。

　安全にいい仕事をするためにはコミュニケーションがとても大切です。会社は、それぞれの業務を分担する人たちが、連携しながら組織としての仕事を進めていくことになります。このためにも安全に仕事を進めるためにも欠かせないのがコミュニケーションと、コミュニケーションを通しての情報の共有です。

　業務を進める上で必要なコミュニケーションを「報告・連絡・相談」のそれぞれの最初の文字を取って「報連相(ほうれんそう)」ということがあります。次のようなことが報連相の代表的なものです。

報告	節目節目での決められた報告、指示されたことの進捗(進み具合)や完了時の報告、トラブル発生時や異常な状態の発見時の報告(速やかな第一報が重要)など
連絡	他の業務や工程に関連する自分の担当業務の状況連絡、何かを始めるときの連絡、特に一人で作業を始めるときの連絡、自分のいる場所を伝える連絡など
相談	仕事の仕方に迷うことがあったときの相談、仕事のやり方を変更しようとするときの相談、設備等の改善や配置換えをしようとするときの相談、体調不良や不安があるときの相談など

　特に自分のミスが原因で起きたことについての報連相は要注意です。自分のミスで起きたトラブルは、内緒に「うまく」処理したいものですし、あわてたりあせったりもします。このようなときこそ確実に報連相を実行してください。報連相が事態の悪化を防ぎます。

　報連相は、上司をはじめ関係者に対して行うことになりますが、みなさん自身が受ける立場になることもあります。このようなとき、自分で判断できる範囲を超える内容の場合は、必ず上司などに相談することが必要です。

報連相とともに大切なことは、「わからないこと」「忘れたこと」があればそのままにしたり、適当に処理したりせずに、はずかしくてもキチンと上司や先輩に教えてもらうことが大切です。例えば、上司や先輩から指示された後に「わかったか」と聞かれることがきっとあると思います。このとき、しっかりわかっていればいいのですが、中途半端にしかわからないことがあれば、「ここがよくわからないので、もう一度教えてください」と言える勇気を持つことが大切です。中途半端な理解でトラブルにつながらないようにしましょう。復唱することもいい方法です。

　また、上司や先輩から指示を受けたり、同僚から上司への報告を頼まれたりしたときに、その内容が複雑だったり、たくさんある場合は、メモを取って確実に対応できるようにしましょう。

　「ダイバーシティ」という言葉を聞いたことがありますか。日本語では「多様性」と訳されています。一緒に働く人たちの年齢、性別、能力（得意、不得意など）、考え方、健康状態、体格・運動機能、容姿、宗教、国籍、人種、趣味などがまったく同じということはあり得ません。多様な人がいることは当たり前のことです。これを前提に、支え合って職場としていい仕事をすることが必要です。

　また、見掛けだけではわからない健康上の問題を抱えた同僚もいるかもしれません。病気を抱えながら（治療しながら）仕事をしている同僚がいるかもしれません。年配の人が職場にいるかもしれません。加齢とともに身体機能が落ちてくるのは誰でも同じです。男性と女性は体格や体力だけでなく、生理機能などにも違いがあります。女性の就業が労働基準法（女性労働基準規則）で制限されている業務もあります。生理時の体調などについても配慮が必要ですし、母性保護の観点も不可欠です。日本語に慣れていない外国人などの同僚がいれば安全に仕事ができるようにサポートすることが必要です。

　職場によっては正社員、契約社員、派遣社員、パート社員、技能実習生といったさまざまな雇用形態の人が一緒に（連携しながら）仕事をすることがあります。特に安全衛生面では、雇用形態に関係なく一緒に活動したり、支え合ったりしてください。

　仕事をしているすぐ近くに、親会社（元方会社）、関係会社や協力会社（請負会社等）、納品会社、機械設備メーカーや修理会社などの人、場合によってはユーザーなどから立会いに来ている人がいるかもしれません。仕事や安全衛生管理の基本的責任は、それぞれの会社が担うことになりますが、身近にいる人が安全に働くことができるように配慮することはすべての人に求められます。別の会社の人だからといって、ケガをしたり病気になっていいはずはありません。声を掛け合って、お互いに安全に仕事ができるようにしてください。

Ⅲ 職場の安全衛生管理

　みなさんは、職場の一員として安全衛生管理や安全衛生活動に取り組むことになります。自分自身の安全と健康のために、そして職場の安全衛生水準向上のために、会社や職場が安全衛生管理と安全衛生活動の基本としている考え方を理解しておきましょう。

　仕事が原因のケガ(負傷)や病気を労働災害と言います。

　ケガの程度によって、次のように区分されることが多いですが、さらに細かく区分されたり、死傷災害等というようにまとめて表現されたりすることもあります。

❶ 死亡災害：被災者が亡くなる

❷ 休業災害：治療等のために会社を休まなければならない

❸ 不休災害：治療等のために会社を休まなくてもいい

　仕事が原因の病気は職業性疾病とか職業病と言われています。

　国内で小さなケガを含めて労働災害で治療等を受けた人は、だいたい毎年50万人以上、このうち、休業４日以上が10万人以上います。労働災害は意外に身近なものなのです。

　かつて労働災害は、工場や建設現場等のいわゆる現場仕事での発生が注目されていましたが、今では休業４日以上のケガの半数以上は、社会福祉施設、小売業、飲食店などの第三次産業で発生しています。業種に関係なく、安全衛生の取り組みが重要なことがわかります。

　また、死亡災害は、ものすごく危険な場所で起きることだと思いがちですが、はしごや脚立からの転落や階段の踏み外しなどでも発生していますし、仕事中の交通事故による死亡災害も業種に関係なく発生しています。ただし、大きなエネルギーが身近にある中で仕事を行う製造業・陸上貨物運送事業・建設業は、重篤な災害につながる危険性が高いということは間違いありません。

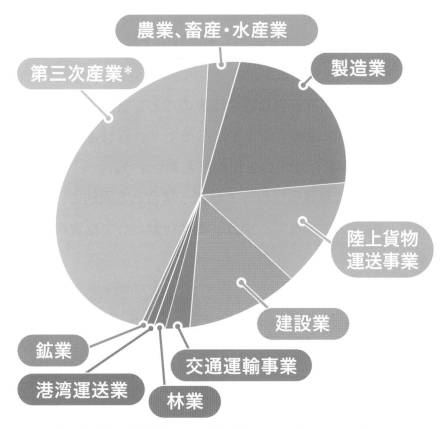

農業、畜産・水産業

第三次産業＊

製造業

陸上貨物
運送事業

建設業

交通運輸事業

鉱業

港湾運送業

林業

＊保健衛生業（社会福祉施設、医療機関等）、商業（小売、卸売等）、
接客・娯楽（飲食店を含む）、清掃・と畜、通信、警備業、金融・広告など

業種別労働災害発生状況

多くの場合、「安全」「安全管理」はケガの問題を対象とし、「衛生」「衛生管理」は健康の問題を対象とすると区分して用いられます。例えば、毎年7月1日から7日までは全国安全週間、10月1日から7日までは全国労働衛生週間とされ、ここでは「安全」と「衛生」の課題がそれぞれ重点的に取り組まれます。なお、「衛生」も含めた表現として「安全」という言葉が用いられることも少なくありません。このテキストでも「衛生」を含めて「安全」と表現しているところがたくさんあります。

　労働災害は「不安全状態」と「不安全行動」が原因で発生します。「不安全状態」だけが原因で発生することもありますが、多くは「不安全行動」がからみあって起きています。

　「不安全状態」は、不安全な物や環境のことを言います。不安全状態があれば、速やかに改善することが必要です。みなさんが不安全状態に気付くことがあれば職場の上司に伝えましょう。

　「不安全行動」は無意識に行ってしまう場合と意識的に行う場合とがあります。無意識に行ってしまう不安全行動としては次のようなケースがあります。

- 聞き間違い、見間違いなどで
- 思い違い、記憶違い、思い込みで
- やり忘れで
- 思わず（反射的に）

　このような無意識の不安全行動を防止するためには、「指示などを復唱する」「メモする」「不安なときは確認する」「間違いにくい手順にする」「間違いにくい操作方法にする」「警報や標識で間違いを知らせる」などが考えられます。

　意識的な不安全行動は、「これくらいは大丈夫」と思ってルールを守らないことによる場合が大半です。このような不安全行動を無くしていくためには、「先輩たちの知恵によってできたルール」の意味をしっかりと頭に入れて、ルールに従って仕事をすることが大切です。労働災害や事故が起きてから「しまった」と悔やむことのないようにしましょう。特に次のように思ったときが要注意です。

- 面倒くさい
- みんながやっているから
- 早く仕事を終わらせたい
- 今まで大丈夫だったから
- 自分が事故を起こすはずはない
- 誰も見ていないから

　あせっていたり、あわてたりしているときに、不安全行動が起きやすくなります。経験が浅いと特に注意が必要です。また、疲れているときや体調の悪いときにも、不安全行動をしやすくなりますので、みなさん自身の体調管理も重要です。悩み事があるときなども集中力を欠くことが多くなりますので注意が必要です。どのような場合でも、体調などが悪くいつも通りの仕事に不安があるときは、上司に相談したり、先輩や同僚に助けを求めたりすることが大切です。

時間がかかって
面倒くさい…

　労働安全衛生法という法律が、関連する政省令（法律に基づき政府・厚生労働省が定める命令）などとともに、それぞれの事業者がみなさん（労働者）の安全と健康を守るために実施しなければならないことを定めています。事業者とは会社・事業場という組織やその代表者ですが、日常的には管理者や監督者が事業者に代わって必要な安全衛生管理を実施することが多くなります。

　実際の仕事の中で安全と健康を確保するには、みなさん（労働者）自身が実行しなければならないこともたくさんあります。例えば、労働安全衛生法では「事業者は、…の運転について、一定の合図…を定め、…使用させなければならない」とか「事業者は、…労働者に有効な呼吸用保護具…を使用させなければならない」と決められていますが、実行するのはみなさんです。

　労働安全衛生法は、「労働者は、…当該保護具を使用しなければならない」など、みなさん（労働者）の義務も定めています。会社（事業者）が行うみなさんの安全と健康の確保のための措置への協力や保護具の使用義務などです。

　労働安全衛生法以外にも安全衛生に関連した法律はいろいろあります。放射性物質や毒物・劇物の取り扱いに関する法律、防火・防災関係の法律、じん肺法、作業環境測定法、労働基準法、労働契約法、労働者災害補償保険法、労働者派遣法、健康増進法などです。必要なときに内容を確認してください。

法　律	政　令	省　令
国会が制定する。国民の権利・義務にかかわる規定が含まれる。	内閣が制定する命令。一般に○○法施行令という名称である。	各省大臣が発令する命令。一般に○○規則という名称である。
労働基準法		労働基準法施行規則
労働安全衛生法	労働安全衛生法施行令	労働安全衛生規則
		ボイラー及び圧力容器安全規則
		クレーン等安全規則
		ゴンドラ安全規則
		有機溶剤中毒予防規則
		鉛中毒予防規則
		四アルキル鉛中毒予防規則
		特定化学物質障害予防規則
		高気圧作業安全衛生規則
		電離放射線障害防止規則
		東日本大震災により生じた放射性物質により汚染された土壌等を除染するための業務等に係る電離放射線障害防止規則
		酸素欠乏症等防止規則
		事務所衛生基準規則
		粉じん障害防止規則
		石綿障害予防規則
		ほか
じん肺法		じん肺法施行規則
作業環境測定法	作業環境測定法施行令	作業環境測定法施行規則

法律と政省令等をまとめて法律と言うこともあれば、法令と言ったりもします。

労働安全衛生に係る法令

　会社には安全衛生管理を行うために必要な体制が設けられています。事業場には、総括安全衛生管理者、安全管理者、衛生管理者、安全衛生推進者(衛生推進者)、産業医など、事業場の業種や規模等に応じて法令で配置を義務付けられた責任者等を置いています。職場には、法令で指定された業務で資格を持った作業主任者を配置したり、作業指揮者を指名したりして、作業の指揮などを行うことになっています。会社としての判断で安全衛生に関する組織を設けたり、責任者や担当者を指名していることもあります。

　また、一定規模以上の事業場で安全衛生に関する検討を行うために、安全衛生委員会(安全委員会、衛生委員会)を設けることが法令で定められています。この委員会は、みなさん(労働者)の代表(労働組合代表等)も委員となっており、安全衛生に関する規程、リスクアセスメント等の危険性・有害性の調査、安全衛生管理(活動)計画、安全衛生教育、健康診断、長時間労働面談、ストレスチェック、健康保持増進など安全衛生管理に関わることを議題として毎月開催されます。

　なお、OSHMS(労働安全衛生マネジメントシステム)に基づく安全衛生管理を行う場合は、運営に必要な体制も構築されることになります。

リスクアセスメント

　危険性・有害性の調査のことで「危害の重大性」と「危害の発生確率」で評価して、必要な対策を実施していく手法。

OSHMS

方針を決め、PDCAサイクルを回しながら、安全衛生水準の向上を継続的に図っていく取り組み。ISO(国際標準化機構)やJIS(日本産業規格)が規格を定めており、厚生労働省が指針を公表している。

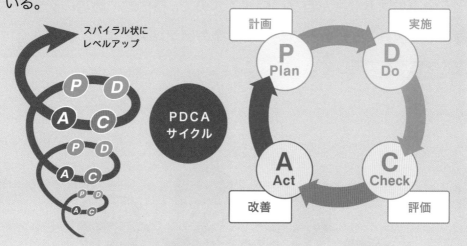

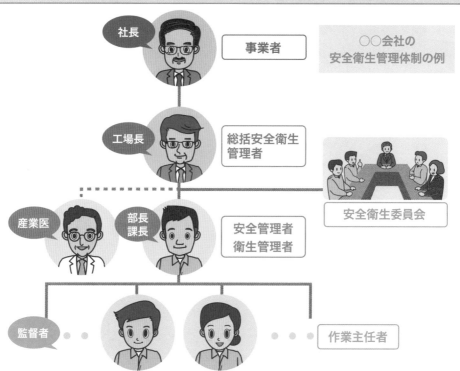

　職場では、それぞれの安全衛生上の課題に対応するためにさまざまな活動を行っています。職場によって取り組んでいることに違いがあります。代表的な活動を右頁にあげますが、活動の名称や具体的なやり方は職場によって違うことがあります。

　安全衛生はみなさん自身の問題ですので、積極的に職場の安全衛生活動に取り組み、自分自身の安全と健康の確保はもとより、より安全で健康的な職場を実現していってください。

職場安全衛生活動の例

● 作業前ミーティング（ツールボックスミーティング：TBM）

仕事を安全に間違いなく行うために、作業内容と気を付けるべき事項等の指示・確認を行う。このとき、一人ひとりが安全で健康に業務に取り組むことができるかの体調確認（健康ＫＹなどとも言う）も行う。作業終了時ミーティングを行い、その日の反省や翌日の作業を確認することもよく行われる。

● 整理整頓

仕事を効率的に気持ちよくできるように整理整頓したり清掃したりする。（42、43頁参照）

● 危険予知活動（ＫＹ）

どのような危険が潜んでいるかをあらかじめ予想して、安全に仕事ができるよう対策を行う。（44頁参照）

● 指差し呼称

作業を安全に行うために確認をすべき重要なポイントで、確認対象を指で差し、「○○ ヨシ！」と声を出して確認し間違いを防ぐ。

● ヒヤリ・ハット報告

「ヒヤリとした」ことや「あぶないと気付いた」ことなどを報告して職場内で共有して対策に結び付ける。

● 類似災害防止対策

他職場や他社で発生したことも含めて、実際に起きた労働災害の発生原因から教訓を学び、自職場の安全対策に活かす。他職場で起きたことは、自分の仕事や職場との違いに意識が向いて、よそ事として考えてしまうことがあるが、自分のこととして教訓を活かしていくことが必要となる。

● 安全衛生（改善）提案活動

より安全に仕事ができるようにするための改善方策を、職場の人たちが提案して、改善に結び付ける。

● 巡視（パトロール）

みなさんが職場でケガをしたり病気になるようなことがないよう、管理者や安全衛生担当者等が現場に出向いて現状を確認して、問題点を見出したり、指導をしたりして、改善に結び付ける。

Ⅳ 安全な仕事の基本

　どのような業務に従事することになっても、安全に仕事をするために共通して知っておいてもらいたいことや、基本となる事項があります。

　安全衛生管理上守らなければならないことは、法令で定められているだけでなく、社内規則として会社で決めていることがあります。会社としての規則、事業場としての規則、職場としての規則などです。規則という名前がついていなくても、基準、厳守事項、禁止事項などさまざまな形で決められています。仕事の進め方についてもマニュアル、作業標準、作業基準書、作業手順書などの名称で決められていることがありますので、仕事の基本として職場で教えてもらったり、自分で勉強することが必要です。

　このような規則などの多くは、過去の経験（うまくいった、失敗した）をもとにみなさんの安全と健康を確保するために知恵を絞ってつくられたものです。規則を守って安全に仕事をすることが、仕事をする者の義務といってもいいでしょう。

　なお、職場は仕事をする場所です。職場にむやみに私用の物を持ち込んではいけません。仕事時間中にスマートフォン（スマホ）等で私用のメールや電話をしたり、ましてやゲーム等をしてはいけません。大きな事故につながることもあります。

　自動車を運転するためには免許が必要なことは誰でも知っています。同じように、安全で健康に仕事を進めるために、免許などの資格が法令で定められています。労働安全衛生法に規定されている主な資格を次頁にまとめています。資格の必要な業務を資格無しで行うことは絶対にしてはいけません。

　労働安全衛生法で必要とされる資格以外にも道路交通法、消防法、毒物及び劇物取締法、電気工事士法などで必要とされる資格もあります。免許などの資格の取得を指示された場合は、積極的に取り組んでください。

■職場で必要な主な資格

区分	資格の種類
免許	**【免許試験を受験して合格する】** ●ボイラー技士　●ボイラー溶接士　●ボイラー整備士　●発破技士 ●潜水士　●クレーン・デリック運転士　●移動式クレーン運転士 ●揚貨装置運転士　●エックス線作業主任者などの作業主任者
技能講習修了	**【登録教習機関という教育機関で教育を受ける】** ●ガス溶接　●玉掛け　●床上操作式クレーン運転 ●小型移動式クレーン運転(荷重5t未満)　●フォークリフト運転 ●車両系建設機械運転　●ショベルローダー等運転 ●足場の組立て等作業主任者などの作業主任者
特別教育修了	**【事業者が行う特別の教育を受ける】** ●小型ボイラー取扱い　●クレーン運転(荷重5t未満) ●移動式クレーン運転(荷重1t未満)　●ゴンドラ操作　●玉掛け(荷重1t未満) ●四アルキル鉛等業務　●高気圧業務　●透過写真撮影　●核燃料物質等取扱い ●事故由来廃棄物等処分　●除染等および特定線量下業務　●酸素欠乏危険作業 ●粉じん作業　●石綿使用建築物等解体等　●研削といし取替え等 ●動力プレスの金型等の取付け、取外し、調整　●アーク溶接等 ●電気取扱い(高圧・特別高圧、低圧)　●フォークリフト運転 (荷重1t未満) ●ショベルローダー等運転(荷重1t未満)　●不整地運搬車運転(積載量1t未満) ●揚貨装置運転(荷重5t未満)　●伐木等機械運転　●走行集材機械運転 ●機械集材装置運転　●簡易架線集材装置等運転　●伐木等 ●小型車両系建設機械運転(機体重量3t未満)　●基礎工事用建設機械運転 ●車両系建設機械の作業装置操作　●ジャッキ式つり上げ機械調整・運転 ●高所作業車運転(作業床高さ10m未満)　●巻上げ機運転 ●軌道装置の動力車運転　●特殊化学設備取扱い等　●ずい道等掘削・覆工等 ●産業用ロボット教示等　●産業用ロボット検査等　●タイヤの空気充てん ●廃棄物の焼却施設に関する業務　●低圧蓄電池内蔵自動車の整備 ●足場の組立て等　●ロープ高所作業　●フルハーネス型墜落制止用器具使用業務

(注)資格名は略称・通称で記載しています。
● 資格には○級や第○種といった種類が区分されているものがあります。
● 免許、技能講習修了、特別教育修了で同じ作業等の名称を重複して記載している資格がありますが、これはそれぞれの資格でできる業務に制限(例えば取り扱う物などの重量)があるためです。
● これらの資格を取るためには、実技試験や実技教育を受けることが必要な場合があります。

IV

すべての仕事が個人個人の防護を必要とせずに安全にできればいいのですが、現実には難しいケースがあります。その場合は、目的に応じてさまざまな個人用の安全衛生保護具を用いて、安全に仕事ができるようにします。

工場見学者等にも必要な保護具を貸与することで、安全に見学してもらえるようにします。

（1）保護具の種類

主な保護具は次のとおりですが、これらのもの以外に業務に応じてさまざまな保護具があります。必要な保護具を確認し、正しく使えるようにしましょう。

主な安全衛生保護具

- **保護帽**
  （安全帽・ヘルメットなどと呼ぶ場合もある。事務所でも防災避難用具として常備している場合もある）
- **保護衣**
  （化学防護服、溶接前掛け、防炎服、耐熱服、つなぎ作業服など）
- **保護手袋**
  （耐切創手袋、耐溶剤手袋、防振手袋、耐熱手袋、絶縁手袋、軍手、革手袋、ゴム手袋など）
- **安全靴、長靴、静電靴、脚絆**
- **保護めがね、遮光めがね、防災面、溶接面**
- **聴覚保護具（防音保護具）（耳栓、イヤーマフ）**
- **呼吸用保護具**
  （防じんマスク、防毒マスク、空気呼吸器、ホースマスクなど）
- **墜落制止用器具**
  （安全帯、命綱といった通称で呼ぶ人もいる）

頭を守る
保護帽

目を守る
保護めがね

手を守る
保護手袋

足を守る
安全靴

墜落を防ぐ
墜落制止用器具

からだを守る
保護衣

耳を守る
聴覚保護具
（防音保護具）

吸入を防ぐ
呼吸用保護具

IV

（2）効果的に使う

安全衛生保護具を使用することが決められた場所や作業では、必ず保護具を使用します。保護具の効果を発揮するように使うにはいくつかのポイントがあります。それぞれの保護具の正しい使用の方法を確認して、その性能を十分活かせるように使用することが必要です。保護具によっては、使い慣れるのに時間がかかることがあるかもしれませんが、時間とともに使い慣れてきて、保護具を手放せなくなる（使用しないと不安になる）ことが多いようです。はじめは負担に感じることがあっても、必ず使用しましょう。

保護具を効果的に使うための主なポイント

❶ 目的に合った保護具を選ぶ

【例】ガス状の有害物に対して防じんマスクは効果がありません。防毒マスクや防じんマスクにはいろいろな形や性能の物があり、有害物の種類等に応じて適切な物を選定します。軍手は薄い鉄板の端などによる切創防止には効果がありません。

❷ 身体（サイズなど）に合った保護具を選ぶ

身体に合っていないと性能を発揮しません。

【例】サイズが大きすぎる安全靴は脱げてしまって危険です。顔に合っていないマスクは隙間ができて効果がありません。

❸ 正しく使う

【例】耳栓は耳の穴にキチンと入れなければ、音を遮断することができず、効果がありません。保護帽は内装を自分の頭に合わせて調整して、まっすぐにかぶって、あごひもをキチンと締めます。

❹ 丁寧に使う

乱暴に扱ったり、用途外で使ったりすると保護具の傷みが早くなり、保護効果も早く無くなります。

❺ 装着の訓練が必要な保護具もある

非常用の保護具などは、日常的には使用しないので、いざというときに使えないということになりかねません。正しく使用できるように日頃から訓練しておくことが大切です。

（3）点検と整備

　保護具も普段着ている服と同じで、使っていれば汚れるし、傷んでくることもあります。保護具は使った後には汚れを取って、決められた場所に保管しましょう。また、身体を守る大切な物ですから、使う前などにキチンと点検して、保護具としての機能を発揮できるようにすることも忘れてはいけません。性能が劣化した部品などは新しい物に交換することが必要です。

保護具の点検・整備の主なポイント

❶ 点検し、効果を発揮するよう整備する

【例】空気呼吸器はボンベの中の空気が十分充てんされていなければ所定時間を継続して使えません。フィルター（焼結金属等）が詰まっているとボンベからの空気を吸い込みにくくなります。保護めがねは汚れて曇ったり、キズが付いたり、粉じんが付着しているとよく見えません。

❷ 劣化したり傷んだ物（部品等）や効果が発揮できなくなってきた物は交換する

【例】穴の開いたゴム手袋は役に立ちません。墜落制止用器具のランヤードのロープが傷んでいると荷重がかかったときに切れてしまう可能性があります。防毒マスクの吸収缶（有害なガス等を吸着吸収する）は効果が切れる（破過と言います）前に交換する必要があります。

❸ 清潔を維持し、汚れないように保管する

身に付ける物ですから、いつでも気持ちよく使えるように手入れして保管します。

❹ 使い捨て式の保護具は効果が見込めなくなる前に交換（廃棄）する

これくらいなら
まっ、いっか…

　職場には、職場のルールや注意事項を記載した標識（看板等）や、区画を示した床面表示などの表示があります。表示はみなさんの安全を確保するためのものですので、それぞれの意味を理解しておきましょう。工場内の表示などで時間の経過とともにかすれて見えなくなってきているところがあるかもしれませんが、そのような場合は、はっきりと見えるように書き直すなどの対応が必要です。

（1）区画線などによる表示

　通路や物の置き場を示すための区画線や、通行の方向を示した矢印などが廊下や階段に表示されていることがあります。立入禁止の区域がわかるように床に区画表示していることもあります。線や矢印だけでなく、注意事項の表示、指差し呼称の場所のイラスト表示などさまざまな表示があります。道路では道路交通法などで決められた表示（道路標示）が行われています。

（2）標識の種類と意味

　道路に道路標識（規制標識、警戒標識、案内標識）があるように職場にもさまざまな標識が設置されています。単に場所を示す標識もありますが、多くは安全衛生関係のもので、危険標識、注意標識などです。消防法に基づく標識や放射性同位元素に関する標識などもありますし、作業主任者の氏名と役割を記載したものや有機溶剤の取り扱い上の注意を記載した標識などもあります。様式は法令で定められていたり、JIS規格に基づいたり、会社独自のものもあります。

　職場の標識の意味を確認して安全な行動に結び付けてください。特に立入禁止の標識があるのは、危険があり、大きなケガなどに結び付く可能性のある場所です。どうしても立ち入らなければならない用件ができ

たときは、安全に立ち入るためのルール（例えば、責任者に連絡して了解を得る、機械の電源を落として止めるなど）に従った措置をしてから立ち入るようにしなければいけません。

（3）容器等への表示

　化学物質の容器や包装などには、名称や取り扱い上の注意事項等が表示されています。よく確認してから取り扱うようにすることが必要です。この表示には世界共通の表示を用いることになっています。この表示のことをGHS絵表示と言い、容器のラベルや安全データシート（SDS/Safety Date Sheet）などに記載されています。

注）GHS：化学品の分類および表示に関する世界調和システム（The Globally Harmonized System of Classification and Labelling of Chemicals）。2003年に国連勧告として採択された。国連GHS文書は2年ごとに改訂されている。

標識の例	立入禁止	火気厳禁	スマホ使用禁止	
GHS絵表示	可燃性・引火性	支燃性・酸化性	火薬類	腐食性・刺激性
	高圧ガス	急性毒性	有害性	水生環境有害性	感作性・発がん性

　工場、建設作業場などの職場ごとにクレーン作業等の合図の方法が決まっています。合図は、一緒に仕事をする人たちがお互いの安全を守るために使う連絡手段です。合図は相手にキチンと伝わらなければ、連携して安全な仕事ができませんので、自分の職場での合図の方法をしっかり覚えてください。

　合図をすることによって、合図を受けた人が機械などを動かしたりすることになります。このとき自分（合図者）が危険な状態になってしまってはいけません。自分自身が安全な状態（場所）にいるようにしてから合図を送ることが必要です。逆に合図を受けて機械などを動かすときも、相手（合図者）が安全な状態にいるかを確認することも大切です。

　なお、合図をしたからといって相手に自分の伝えたいことがキチンと伝わったとは限りませんので、伝わったかどうかの確認が必要な場合もあります。誤った思い込みが大きな事故につながることもありますので注意しましょう。

6 警報

　生産設備、建設用の機械や運搬用の機械を含めて、さまざまな場所に安全のための警報装置が設置されています。警報装置には、操作する（運転する）人などが周囲の人に注意を促したり、危険を知らせるための警報装置（ブザーやサイレンなど）、化学設備などで危険な状態を知らせるための自動警報装置などがあります。可燃性のガスの漏えい（爆発等のおそれ）や有害なガスの漏えい（中毒等のおそれ）を知らせる検知・警報装置が設置されている職場もあります。このほかに、機械や設備の異常を知らせるためのものや、安全装置が作動したことを知らせるためのものが設置されていることもあります。二酸化炭素消火設備等が作動したときの警報装置、火災が発生したときなどの火災警報器、火災報知器などもあります。音を出す警報だけでなく、回転灯や信号灯によって危険な状態かどうかをわかるようにしていることもあります。

　警報が作動（警報音が鳴る、警報表示が点灯するなど）しても、その意味がわからなければ、警報の意味がありません。どのような場合にどのような警報が発せられるのかを職場で確認して、いざというときに速やかに適切な行動が取れるようにしておきましょう。

　警報を無視してはいけないことは当然ですが、誤って警報が出されていることなどに気付いた場合はどうしたらいいでしょう。この場合も速やかな対応が必要です。必要なときに警報が出なかったり、必要のないときに警報が出たりしていることに気付いたら、すぐに上司に報告してください。常に正しく警報が発せられるように措置することが必要です。

　整理整頓は安全で効率的ないい仕事をするための基本です。整理整頓ができていないと、勘違いを含めて間違いが増え、トラブルやケガに結び付きやすくなります。事務所でも同じです。

　整理整頓の基本は、次のように要約できます。

❶ **使う見込みのない不要な物は処分する。**
❷ **置き場所を決め、明確にし（表示するなど）、使った後は元に戻す。**
❸ **安全に置く。**
❹ **次の仕事をしやすくする（次の人が仕事をしやすいようにする）。**
❺ **清掃して職場をきれいに保ち、気持ちよく仕事ができるようにする。**

置き場所を決める

● 安全に取り出しやすいように置き方を決める。
● 使う頻度や使用順を考えて置き場所を決める。使う予定の物を下に積んだり、奥にしまいこんだりしない。
● 通路に物を置かない。やむを得ず通路などにはみ出して製品などを置くときは通行する人がぶつかったり、引っかけたりしないようにわかりやすい表示等をする。
● 消火器・消火栓、出入口、階段、防火扉、非常口、非常用進入口（消防隊進入口）、火災警報器等の近くに物を置かない。
● 照明、窓、換気口をふさぐように物を置かない。
● 置き場を表示する。例えば、置き場表示の看板を立てる、引出しに入っている物の名前をラベルで表示する。
● 危険な物や有害な物は別に保管する（危険物倉庫に入れる、必要に応じて施錠するなど）。
● 壊れやすい物は置き場所を分けて置く。

元に戻す

● 使った道具・工具などは整備し、清掃して、決められた置き場に戻す。
● 不要な物は片付ける。使う予定のない物は処分する（上司に相談してから）。
● 危険な状態になっている（壊れている）ところは修理する。
● 使った消耗品は補充（補充手配）しておく。

安全に置く

- 細かい物は箱などに入れる。
- 寸法の違う部品などは寸法別に箱などに分けて入れる。
- 転がりやすい物は歯止め（かませ物）をするか、ラックなどに入れる。
- 長い物は横に寝かせて置く。
- 転倒しやすい物はラックに入れたり、ロープやチェーンで転倒防止措置をする。
- 積み上げるときは荷崩れしないように積む。
- 重い物は下に（低い所に）置く。大きい物は小さい物の下に置く。

清掃する

- 床（通路、作業床など）が水、油、粉じん、削りくずなどで滑りやすくなっていたらすぐ取り除き、掃除する。
- 作業場（作業台）に仕事で散らばった物（原材料など）があれば、回収したり、処分する。

清潔を保つ

- 職場の床などに唾を吐いたり、ごみを捨てたりしない。
- 職場の流し台などは清潔に使用する。
- 食べ残したり、飲み残した物を放置しない。食べ残した物などの生ごみは、他のゴミと分けて決められた場所に処分する。
- トイレや洗面所は清潔に使用する。詰まりの原因になるような物を流したりしない。

　整理整頓の取り組みは、２Ｓ（整理seiri・整頓seiton）をベースに、３Ｓ（＋清掃seisou）活動、４Ｓ（＋清潔seiketsu）活動などとして取り組まれています。

大きい物は下
小さい物は上

品名・数量が
わかるように

消火器や階段の近くに
物を置かない

　同じ仕事を担当するとしても、仕事の内容や環境などが毎日、毎回まったく同じということはありません。仕事をする中でどのようなことが起きるのかをあらかじめ想定して、事故などに結び付かないように仕事を進めることが大切です。

　特に安全に関しては、作業の手順に沿ってどのような危険が生じるのか、その危険に対してどのようなことに注意し、どのような対策を行う必要があるのかを作業開始前に検討して、安全な手順を確認し、必要な対策を実施することが欠かせません。この取り組みを危険予知（Kiken Yochi 、KY）活動と言います。

　危険予知を的確に行うためには、作業の内容や取り扱う設備のことについて十分な知識を持っていることが必要ですが、加えて危険を危険として認識できる危険感受性を養っておくことも大切です。これは日頃から安全に関して関心を持ち、関係する知識を身に付けるとともに他職場や他社で起きた災害や事故から教訓を学ぶことなどによって高めることができます。

　なお、危険予知をしてから仕事に取りかかっても、実際の仕事の中で予想外のことが起きることもあります。このような場合には、上司に報告し、再度危険予知を行って安全な作業に結び付けることも大切です。

　危険予知の力を高めるための訓練を危険予知訓練（Kiken Yochi Training、KYT）と言います。危険予知活動・危険予知訓練は、日本の事業場の安全衛生活動の中で幅広く取り入れられています。

どんな危険がひそんでいるか

状況
あなたは、外部非常階段の扉の塗装を行うため、ペーパーがけをしている

このイラストを見て考えられる危険をどんどん出し合う

発言の内容を書き入れてみましょう

顔を近づけて
ペーパーがけを
しているので
風で粉がとび散り
目に入る

仕事を始めるためには、まず準備が必要です。キチンとした準備が円滑で間違いのない安全な仕事につながります。

(1) 服装を整える

職場では、仕事がしやすく、安全にできる服装にします。制服や作業服が決まっている場合は、出社したら着替えてください。シャキッとした服装で気持ちを引き締めて仕事を始めましょう。職場での服装はおしゃれが目的ではないので、仕事の内容に合った服装をすることになります。クリーンルームなどでの仕事は、手を洗うなどしてから専用のウェアを着なければならない場合もあります。

靴も職場にふさわしい物を選ぶことが大切です。安全靴などの着用が決まっている場合は、必ずはきましょう。

通勤時の服装も安全な通勤ができるように気を付けましょう。例えば、車で通勤する場合に高いヒールの靴は危険ですので、ヒールのない(低い)靴を選びましょう。

職場での服装

● 制服や作業服などは身体のサイズに合ったものを着ましょう。身体に合っていないと動きにくいし、上着の袖や裾が物に引っかかったり、機械に巻き込まれたりして危険です。また、他の人にルーズな印象を与え、会社や職場の印象を悪くすることにもなります。

● 制服や作業服は清潔なものを着るようにしましょう。ボタンが取れていたり、ほころびがあったり、破れていたりしたら直しておきましょう。

● 制服や作業服が決まっていない場合は、仕事の内容にふさわしい服装を選びましょう。周囲に不快感を与えるような服装は避けましょう。

工場などの現場での仕事時の服装

● 上着のボタンはキチンとかけておきましょう。

● 安全のために、腕まくりをしたり、半そでの上着を着たりすることが禁止されていることがありますので、職場のルールに従いましょう。

● 長い髪の毛の人は、髪の毛をくくって作業帽や保護帽の中に入れておくなど仕事中に引っかけたり、巻き込まれたりしないようにします。

● ポケットにドライバーなどとがった物を入れておくと、転んだりぶつかったりしたときに危険ですからやめましょう。

● ネックレスやピアスなどのアクセサリーがケガの原因になったりすることがありますので、職場で禁止されている場合は外しましょう。

● 首にタオルやマフラー・ネッカチーフなどを巻いたり、腰にタオルをぶら下げたりしていると引っかけたり、巻き込まれたりする可能性がありますのでやめましょう。

● 夏場など暑熱の環境下での仕事では、通気性のいい下着を着用するようにしましょう。溶接など火花が出る場所での作業を行う場合は、燃えにくい素材の服を選ぶことも大切です。

● 有害な物を取り扱う作業をした作業服は、持ち帰らずに（もちろん作業服のまま帰宅せずに）会社で洗濯します。職場でどのように決められているか確認しましょう。

IV

頭髪、だらしない服装は巻き込まれのおそれ！

（2）始業時の体操

　始業時に職場体操（ラジオ体操など）を行う職場もあります。体操は身体の柔軟性を増すなど、安全に仕事をしたり、腰痛を予防したりすることに結び付きます。職場での一日の始まりに当たって気持ちを切り替えることにもつながります。しっかりと心身の準備を整えて仕事を始めましょう。

（3）作業開始前の点検・確認

　仕事を始めるに当たって、安全に円滑に仕事ができる状況になっているかを点検・確認する必要があります。業務によって点検・確認の対象は異なります。点検・確認をして異常などがあれば、上司に報告して対処してください。

主な作業開始前の点検・確認事項

● 使用する設備や装置、道具・工具、保護具などの点検
● 作業場の状態（床、作業空間、照明など）の確認
● 必要な備品や原材料・資材の確認
● 業務を進めるための情報・資料（指示書、業務引き継ぎ書、仕様書、図面、報告書など）の確認

　安全確保のために作業開始前の点検が法令で義務付けられている設備などがあります。この点検は記録様式を決めて実施していますので、点検項目を一つずつ丁寧に確認しながら点検して安全な仕事に結び付けましょう。なお、作業開始前だけでなく、定期（1月以内ごと、1年以内ごとなど）の自主検査などの実施が法令で義務付けられている設備などもあります。

今日の
配送先は…

○△運送株式会社

IV

V 安全な仕事の進め方

　自分の仕事に関係する設備や物について正しい知識を持つことが、安全に仕事をするためには欠かせません。個々の設備や取り扱う物に関する具体的なことは、各職場で詳しく教えてもらうことになりますが、どのような仕事を担当することになっても、基本的な知識として知っておいてもらいたいことがあります。

V 安全な 仕事の進め方　① 機械を使う

　エレベーター、エスカレーターなどは、人の力とは比べものにならないくらい大きなエネルギーを利用して動いています。子どもも含めて一般の人が利用することを前提とした安全対策がとられているため、普段危険を感じることはあまりありませんが、それでも事故が起きることがあるのはみなさんも知っているとおりです。機械は、大きなエネルギーで動いていることを忘れずに使うことが必要です。

（1）機械の安全な取り扱い

　事務所にはシュレッダー、倉庫や飲食店・旅館などには小型の業務用エレベーター、工場にはプレス機械、裁断機（シャー）、圧延機、切削機械、加熱装置、攪拌装置、検査装置、材料供給装置、コンベヤ等の運搬機、製品梱包機械、工作機械などさまざまな機械があります。

　これらの機械の危険な箇所には、カバーや安全装置などが取り付けられています。危険度の高い機械は全体が防護柵やフェンスで囲われて遠隔で操作できるようになっているはずです。一方で、工作機械などのように使用する人が機械のすぐ近くで操作することが必要なものもあります。いずれも通常の状態（正常な機械の作動、正しい使用方法）ではケガに結び付くことはありませんが、使い方を間違えたり、トラブルなどが起きたときに、機械などに接触したりしてケガをしてしまうことがあります。

機械によるケガの例

- 事務所のシュレッダーにネクタイや髪の毛を巻き込まれる。
- 業務用小型エレベーターのトラブル時に扉からのぞき込んで、かごごと枠の間にはさまれる。
- ボール盤(ドリルで穴を開ける機械)を軍手をはめて使っていて巻き込まれる。
- 機械や製品へのゴミの付着を見つけたので機械を止めずに取ろうとして巻き込まれる。
- グラインダーのといしが割れて飛んできて当たる。
- 機械で加工していた製品やそのカケラが飛び出して当たる。

　正しい取り扱いを行うとともに、トラブルがあったときなどには機械を停止させて処理するなど安全な作業方法で行うことが必要です。機械そのものを正常な状態で使用できるようにするための点検、補修、給油なども欠かせません。これらのことは、機械の取扱説明書や会社の作業手順書などに記載されていますので、確認して安全に取り扱うようにしてください。専門部署(資格を持った専門家等)による点検や補修が必要なこともあります。

　なお、機械の能力以上に負荷をかけると機械が壊れ、ケガに結び付くこともありますので、機械の性能(能力)の範囲内で使わなければいけません。

（2）工作機械等の取り扱い

　固定式グラインダー（卓上グラインダー、両頭グラインダー）、ボール盤、丸のこ盤、旋盤、食品加工用機械など、加工する物を作業する人が支えたり、送り込んだりするために、機械の間近での作業が必要な機械があります。といし、ドリル、刃物などで加工したり、大きな圧力で加工したりするので、手や身体が加工部に触れたり入らないようにしなければなりません。加工する物が動いて危険なこともあります。それぞれの機械ごとに安全基準が定められ、安全対策が実施されていますが、作業する人自身が守らなければならないこともあります。

工作機械等を安全に使うために守るべきことの例

● 決められた用途・能力の範囲で正しい使い方をする。

● 必要な保護具を着用して作業を行う。

● 加工対象の物の固定が必要な場合は、しっかりと加工物を固定する。

● 回転する刃の部分などに巻き込まれるおそれがあるため、手袋の使用が禁止されている場合は使わない。

● 加工する物を送り込んで入れる必要がある機械では、機械を止めるか、決められた用具を使用して行う。

● 触れると危険な部位や加工くずの飛散防止などのために取り付けられたカバーや囲いはキチンと取り付けられた状態で使う。開閉式のものはキチンと閉じた状態で使う。

● 鋭利な加工くず（金属切削くずなど）を取り扱う場合は、決められた用具や保護具を使用する。

● 機械の掃除、給油、検査、部品の交換、修理、調整など、機械の危険な部分に接触するおそれのある作業を行うときは、機械が完全に止まったことを確認し、電源を切るなどして動かないようにして行う。

● 掃除などで、動いている状態で行わなければならない作業があれば、安全に掃除をするために決められた用具を使う。

● カバーや保護囲いなどの隙間があっても、安易に手や指を入れたりしない。

● カバーや保護囲いなどの安全防護が壊れていたり外れたりしている機械は使用しない。

● 必要な調整や整備されていない機械を使用しない。

ボール盤などでは
手袋は厳禁！

加工物等の飛来による
危険には保護具使用

（3）機械を止める

　点検や給油、清掃、サイズ替えのための部品交換、トラブル時の対応などで機械に近づいたり、直接触れて作業を行う場合は、機械を停止して作業することが基本です。ただし、機械を停止させる操作をしても安全だとは限りません。

機械を停止しても安全とは限らない例

● 機械内部に危険な状態があるかもしれない（例：シュレッダーには裁断用の鋭利な刃がある）。

● 停止した機械の運転スイッチを他の人が入れてしまうかもしれない。

● 機械が完全に停止していない（惰性で動いている）かもしれない（回転する部分などは停止状態が目で見てもわかりにくいことがある）。

● 残存するエネルギーで動く部分があるかもしれない（圧力を使う機械などは注意が必要）。

● 充電部（電気がたまっているところ）が残っているかもしれない。

● 停止している範囲のすぐ隣に動いている機械があるかもしれない。

● 部品がそれ自身の重みで動く（降下するなど）かもしれない。

● 電気回路の不具合で電気が完全に遮断できていないかもしれない。

　上の枠内に示した例など危険な状態が残っている場合の対応方法は、機械ごとに違いますので、機械の取扱説明書や作業手順書で確認して確実に実施することが必要です。また、機械を止めて作業を行うときは、他の人が誤って起動しないように、切ったスイッチにわかりやすく表示するとか鍵をかけることが必要です。

　なお、多くの機械には非常時に機械を停止させるための押しボタン式の非常停止用スイッチが設けられています。ベルトコンベアなどでは、

ロープスイッチといったロープ状の非常停止用スイッチの場合もあります。非常時（自分自身や同僚がケガをしそうになるなどのとき）には迷うことなく使用しましょう。ただし、通常の作業で機械を停止するときに非常停止スイッチを使ってはいけません。

　また、機械を非常停止したりした後に再稼働させる前には、機械内部などに異物（加工中の物や工具など）がないかを確認するなど、異常な状態がないことを確認し、自分自身や同僚が安全な場所にいることも確認してから、決められた手順に従って再稼働させます。

（4）機械等の安全対策

　機械等によるケガを防止するためいろいろな設備的な対策（工学的対策）が行われています。このような安全対策はみなさんの安全を守るためのものです。しっかり認識して有効な状態で使いましょう。

　安全装置等が故障したり停電して作動しなくなったりしたら、機械本体が動かないような設定になっている機械等が増えてきていますが、そのようになっていない機械等もたくさんあります。安全装置等を有効に機能させるとともに、安全装置等だけに頼って安全を確保するのではなく、自分自身でも安全を確認して仕事をするようにしましょう。

安全装置等を機能させる

- ● 安全装置等が取り付けられている理由やその有効な範囲も確かめ、理解しておく。

- ● 勝手に取り外したり、位置を変えたり、機能を停止させない（無効化させない）。

- ●安全装置等を停止スイッチ代わりに使わない。

- ●点検して必要な機能を発揮するように維持する。

- ● 壊れていることに気付いたらすぐに上司に連絡して指示を仰ぐ。

- ● 機械等の補修などで安全装置等を取り外さざるを得ないときは、上司に報告して、安全な作業方法（原則として動力源（電源等）を元から遮断して機械等が動かないようにする）を確認してから作業を行う。

- ● 補修などで安全装置等を取り外した場合は、補修などが終わったらすぐ元の状態に戻して機能を確認する。

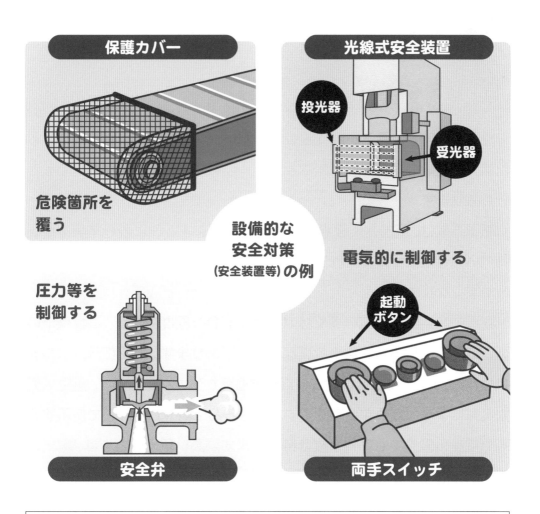

保護カバー

危険箇所を
覆う

光線式安全装置

投光器

受光器

電気的に制御する

設備的な安全対策
（安全装置等）の例

圧力等を
制御する

安全弁

起動
ボタン

両手スイッチ

機械の包括的な安全基準に関する指針

　機械の安全対策については、厚生労働省から指針が示されています。この考え方は「機械安全」という言葉とともに一般化してきています。この指針で使われている用語を簡潔に紹介しておきます。

─────「機械安全」で用いられる用語（概説）─────

保護方策 ………………… リスクを低減させるための措置

本質的安全設計方策 ……… ガードまたは保護装置を使用しないで、設計または運転特性を変更することによる保護方策

安全防護 ………………… ガードまたは保護装置による保護方策

付加保護方策 …………… 緊急事態からの回避等のために行う保護方策

使用上の情報 …………… 標識、警告表示、信号装置、警報装置、取扱説明書などの交付などの指示事項などの情報

残留リスク ……………… 保護方策を講じた後に残るリスク

機械の意図する使用 …… 予定している機械の使用

合理的に予見可能な誤使用 容易に予見できる機械の誤使用

（1）感電を防ぐ

　感電は、身体に電気が流れることを言い、皮膚のやけどや電流が通った部分の組織の損傷を引き起こします。最悪の場合は心臓が停止することもあります。

　感電事故は、汗をかく夏場に多く起きています。汗に限らず身体が濡れていると電気がより流れやすく（皮膚の電気抵抗が小さく）なって感電しやすくなります。

　家庭で利用する電気の多くは100ボルト（Ｖ）程度ですが、これ以下の低い電圧の電気でも感電事故になることがあります。「42（死に）ボルト（Ｖ）」などと言って、低い電圧の電気でも死亡につながるなど、感電は死亡災害につながりやすい事故です。もちろん工場やビルなどで使用する高い電圧の電気でも感電事故は発生します。高い電圧のときは、電気に直接触れなくても放電による感電もあります。

　死亡につながる感電事故は、電線・配線に関わるケースが一番多く、電力設備やアーク溶接装置・電気工具等による事故も起きています。

　感電を防ぐには、電気に関する正しい知識を持ち、細心の注意を払って正しい取り扱いを行うことが必要です。低電圧の場合の感電防止の基本は、充電部分（電気がきているところ）と接触しないようにすることと、予定外のところに電気が流れることを防ぐことです。

　どのようなところで感電のおそれがあるか職場でよく確認しておきましょう。工場にはナイフスイッチ（開閉器）という、充電部分が一部露出しているようなスイッチがあるかもしれません。また、電気設備・電動工具などの内部を点検したりするときには必ず電源を切って（開閉器等で電路を遮断する、コンセントを抜くなど）行わなければなりません。

一般的な感電防止対策

● 露出している充電部分を囲うか絶縁体で覆う。人が接触しないようにする。

● 漏電遮断器(ブレーカー)を介して電気設備・電動工具などを使用する。

● 接地する(アースをつなげる)。特に電動工具など。

● 電気コード(ケーブル)等の被覆(絶縁体)が傷つかないようにする。

● 絶縁体が劣化した電気設備・電動工具などは使わない。劣化部分を交換するなど。

● 電気設備・電動工具などを濡らさない。濡れることが前提の防水タイプの場合は別。

　配電盤やコンセントなどが充電しているか(電気がきているか)の確認は、検電器(電圧に合ったもの)を使って確認しますが、電気の取り扱いについての特別な教育(32、33頁参照)を受けた人などが行うことになります。なお、充電部分に触れるおそれがある作業を行う場合は、電圧などに見合った絶縁保護具を使用します。

（2）電気設備等を安全に使う

電気を取り扱うときは、感電だけでなく発熱・発火による事故や火災についても十分気を付ける必要があります。工場の操業やビルの利用にも大きな影響を与えることがあります。

身近な電気関連の発熱・発火原因の例

- タコ足配線などによって電気コード（ケーブル）などに許容電流を超える電流が流れる。

- 電気コードの被覆（絶縁体）が損傷する（傷つく、破れる、擦り切れる、鋭利なところに強く押し付けられる、ネズミがかじる、劣化する、外部の熱で溶ける、溶接・溶断の火花等で焼けるなど）。

- 電気コードの導体（心線）に強い力が加わる（上に重い物を置く、強く折り曲げる、強く引っ張る）などして切れたり、変形（細くなったり、一部断線したり）する。

- 接続不良によって予定外のところに電気が流れる。

- 配線接続部が緩んだり、外れる（振動などでネジが緩む、はんだが外れるなど）。

- コンセントに挿したプラグにほこりがたまって短絡（ショートとも言う）する（トラッキング現象）。

- コードリール（電工ドラムとも言うリールに巻いたコード）のコードを巻いたまま使用すると、コードからの熱が放散されず過熱する。

- 電気設備・器具の内部が濡れたり、内部に粉じんやほこりがたまって短絡する。

仕事や生活に電気はなくてはならないものです。みなさん一人ひとりが正しく電気（設備・器具）を取り扱うことが電気事故の防止には不可欠です。

電気設備を安全に使えるようにするためには、正しい配線などが行われていることが前提となります。電動工具などを電源に接続するときは、必要な電気容量に見合った電源か確認してから使用することも大切です。使用に当たっては感電防止対策を含めて点検と補修（異常があった場合の取り替え等）を行う必要があります。配電盤・分電盤などの点検も必要になります。

電気設備関係の工事や充電電路に触れるおそれのある作業（電気が流れているまま行う「活線作業」など）は、原則として専門部署（資格を持った専門家等）が実施することになりますので、自分の判断で行ってはいけません。

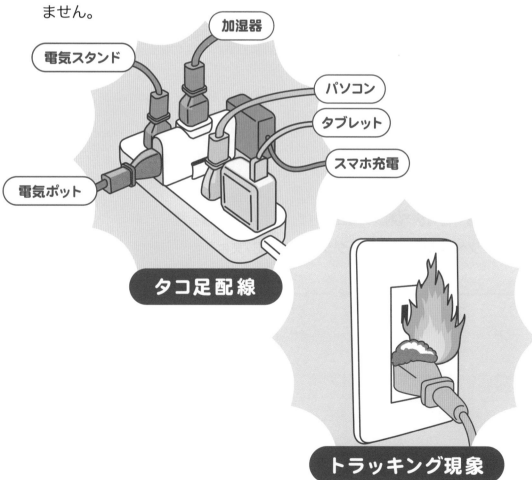

加湿器

電気スタンド

パソコン

タブレット

スマホ充電

電気ポット

タコ足配線

トラッキング現象

　私たちの生活は非常にたくさんの化学物質を利用して成り立っています。例えば、家庭で調理に使うガスや自動車の燃料に使われるガソリンなどはもっとも身近な化学物質です。油性マーカー（マーキングペン）にも化学物質が使われています。直接使用しなくても、私たちが利用しているものを生産するためにも化学物質がいろいろな方法で利用されています。

　化学物質には安全なものもありますが、危険なものや有害なものもあります。鉱物や金属、元素などの中にも有害なものがあります。例えば、石綿、鉛、塩素などが代表です。

労働安全衛生法で規制対象となっている化学物質の区分（主なものを抜粋）

● **危険物**
　爆発性の物、発火性の物、酸化性の物、引火性の物、可燃性のガス

● **鉛、四アルキル鉛等**

● **特定化学物質**
　第一類物質、第二類物質、第三類物質

● **有機溶剤**
　第一種有機溶剤等、第二種有機溶剤等、第三種有機溶剤等

● **ラベル表示・安全データシート**（SDS）**交付義務対象物質**

（1）職場の化学物質を知る

　化学物質の危険性や有害性は、見た目や匂いでは判断がつきません。いい匂いがしても有害で危険な物質もあります。このため危険性や有害性のわかっている物質を安全に取り扱うために次のような方法で情報が提供されます。

化学物質の危険性・有害性・注意事項に関する情報

- 容器・包装などへのラベル表示（名称、危険有害性、取り扱い上の注意等）
- 安全データシート（SDS）の交付（名称や成分・含有量、性質、有害性、取り扱い上の注意、事故時の対応等）
- 使用事業者による化学物質リスクアセスメント（危険性または有害性の調査）の実施とその結果に基づく措置
- 作業場への掲示（名称、有害性、取り扱い上の注意事項等）
- 関係者以外立入禁止、火気厳禁等の看板等の掲示

　このような表示や文書で、みなさん自身が取り扱う化学物質の危険性や有害性を確認することができます。化学物質を取り扱う仕事を行うときはこの内容も確認して安全に取り扱いましょう。

第二種有機溶剤等

有機溶剤等使用の注意事項

一、有機溶剤の人体に及ぼす作用

（主な症状）
(1) 頭痛
(2) けん怠感
(3) めまい
(4) 貧血
(5) 肝臓障害

二、取扱い上の注意事項
(1) 有機溶剤を入れた容器で使用中でないものには、必ず、ふたをすること。
(2) 当日の作業に直接必要のある量以外の有機溶剤等を作業場内へ持ち込まないこと。
(3) できるだけ風上で作業を行い、有機溶剤の蒸気の吸入をさけること。
(4) できるだけ有機溶剤等を皮膚にふれないようにすること。

V

（2）化学物質取り扱いの基本

　化学物質を取り扱うときに注意すべき主な事項を枠内に記しています。危険性や有害性の有無に関わらず丁寧に取り扱うようにしましょう。なお、化学物質を扱う設備の管理や化学物質の入った高圧ボンベなどの取り扱いは、それぞれ特別な管理が必要です。関係する仕事をする場合は、しっかり勉強して安全な取り扱いをしてください。

化学物質取り扱い時の主な注意点

● 取り扱う物質の危険性・有害性を事前に確認する。（65頁参照）

● 危険性・有害性に応じた安全対策を実施してから取り扱いを始める。

● 丁寧に扱う、危険性や有害性のおそれのあるものはより慎重に扱う。

● 設備内で取り扱うときは設備管理を徹底する（漏出防止を徹底する、異常な反応をさせない、安全装置が機能するようにしておく、漏えいガス検知器・警報器を有効に使う、事故などのときの避難通路を確保しておくなど）。

● 仕事に必要な量だけに限定して使用する。

● 通気のいい場所（換気している場所）で使用する。

● 小分けして使うときは、小分け容器に内容物の名称などを表示する。

● 床などにこぼさない、空気中に飛散させない（密閉する、換気装置を使うなど）。

● 化学物質の入った容器は開けっぱなしにしない。蓋はキチンと閉める。

● 決められた場所に保管する。空容器等化学物質が付着した物は発散防止の措置をして決められた場所に置く。

（3）危険な化学物質の取り扱い

　火災や爆発の原因となる化学物質は、点火源があったり、加熱したり、衝撃や摩擦を加えると、火炎を出したり爆発することがあります。酸化性の物に区分されているものには、空気（酸素）に触れるだけで爆発的な

反応を起こすものもあります。それぞれの性質に応じた安全な取り扱いが必要です。職場で安全な取り扱い方法を教えてもらってください。

　引火性の物や可燃性のガスは、事務所でも取り扱うことがあります。例えば、灯油や都市ガス・ＬＰＧなどです。漏れたり、こぼれたりしたときには爆発や火災の原因にもなります。関係する設備や機器の正しい取り扱いと点検、点火源（静電気や電気製品・電気スイッチも点火源となることがあります）の管理などが大切です。（86～91頁参照）

　なお、有機物（炭素を含む化合物）が燃えると二酸化炭素や一酸化炭素（不完全燃焼の場合に発生、強い毒性がある）が発生します。不完全燃焼による一酸化炭素中毒を防ぐためには十分な換気を行うことが重要です。内燃機関（エンジン）を屋内で利用するときも同じです。

　危険物の管理や取り扱いについては、労働安全衛生法や消防法などの関係法令で細かい基準が定められています。

V

（4）有害な化学物質の取り扱い

　有害な化学物質も、私たちの生活を支える製品の原料等として使われています。例えば、塗料には法令で管理方法が定められている有害な化学物質が使われていることがよくあります。有害な化学物質が身体に影響する経路を知り、安全に取り扱うようにしてください。

有害な化学物質が身体に影響する経路

- ●呼吸器（口や鼻）を通して肺などから吸収されて中毒を起こしたり、蓄積されて機能障害等を起こす。
- ●口から入って消化器で吸収されて中毒を起こしたり、消化器の粘膜を傷つける。
- ●皮膚から吸収されて中毒を起こす。
- ●皮膚や粘膜（目、鼻、口等）を傷つける（腐食性があると言う）。
- ●歯を溶かしていく。

　おおざっぱに言えば、有害な化学物質の影響は、急性と慢性のものがあります。急性の影響では気分が悪くなる程度ですむ場合から、毒性が強い物質では一呼吸で意識を失って命を落とすことになる場合もあります。慢性の影響はさまざまです。発がん性のある化学物質もあります。

　また、化学物質のなかには、間違って口に入れたり接触したりすることがないように、毒性の強いものは「毒物」、やや弱いものは「劇物」として指定されているものもあります。盗難や流出防止の対策が必要で、使用量や保管量の管理なども行います。毒物や劇物は、誤飲・誤用を防ぐために、絶対に飲食用の容器（ペットボトル、コップなど）に入れてはいけません。

　成分として有害性がない場合でも粉じん（土石、鉱物等）はたくさん吸い込むと人体（肺等の呼吸器）に有害ですので、飛散の防止、換気の実施、

保護具の着用などの対策が必要です。逆に、溶接ヒュームのように粉じんとしての有害性が注目されがちだったものでも、成分の有害性（マンガンによる神経機能障害のおそれ）が明らかになり、特別な管理が必要となることもあります。

有害な化学物質取り扱い時の主な対策

● できるだけ有害性の低いものを使う。有害性がないことが理想。

● 飛散させない。

● 局所排気装置などの換気装置を適切に使う。

● 有害物を取り扱う職場では飲食や喫煙をしない（禁止する）。

● 保護具（防毒マスク、防じんマスク、保護衣、保護手袋、保護めがね等）を使用する。

● ガス検知・警報器（定置形、携帯形、個人装着形など）を有効に使う。

● 有害物の付いた作業服は衣服ブラシで汚れを落とす、洗濯する（作業服のまま家に帰らない、作業服は家に持ち帰って洗濯しない）。

● 靴底などに付いた有害物を水洗マットなどで除去する。

● 作業終了後に作業場の清掃を行う。

● 責任者（作業主任者など）の指揮の下で取り扱う。

● 取り扱い物質に応じた健康診断を実施する。

● 作業の記録を残す（指定された物質について）。

どのような職場でも、物を運ぶ作業は必ずあります。どちらかと言うと簡単な作業ですが、意外にケガに結び付きやすい作業です。

（1）人の力で安全に運ぶ

無理な姿勢で重い物を無理に持ち上げたり運んだりすると、運んでいる物を落としたり、自分自身が転んだり、腰を痛めたりする（100頁参照）ことにつながります。

人力で運搬するときの主な注意事項

- 重い物の運搬は無理せず手助けを求めたり、台車を使ったりする。分けて運べる物は分けて運ぶ。
- 持ちやすくして運ぶ。取っ手を付ける、ロープなどで縛る、容器に入れる、内容物が動くときは固定するなどする。
- 熱い物は冷めてから持ったり、保護手袋などを使用して持つ。
- 液体などが入った容器はしっかりと蓋をするなどこぼれないようにして運ぶ。
- 腕の力だけに頼って持たない。運ぶ物を身体に付けて運ぶ、汚れた物は前掛けなどで服が汚れないようにする、高い所の物の上げ下ろしは安定した足場等を利用する。
- 物を持ち上げたり、拾ったりするときは、腰を落として脚の力を利用するようにする。腰の負担が少なくなるので、習慣化したい。
- 前が見えないくらいに物を積み上げて持たない。
- 運ぶときに通る通路の安全（滑らないか、つまずくところがないかなど）を事前に確認しておく。障害になる物はあらかじめどけておく。

ガラス製などの壊れやすい物、高温物や危険物・有害物の入った容器、濡れていたり滑りやすい物、重ねて運ぶ物、切創などのおそれがある物などは、より慎重に運ぶことが必要です。安全な方法を職場でしっかり教えてもらってください。

(2) 人の力で一緒に運ぶ

2人以上で一緒に物を運ぶときは、声を掛けあって、上げる、下ろす、進む、止まる、曲がるなどのタイミングを合わせて動くことが大切です。移動の障害になる物などに気付いたときも声を掛け合いましょう。

事務所などでも模様替えのときなどに重い物（キャスターがついている事務機器なども）を2人以上で一緒に持ったり、滑らせたりして移動させることがありますが、自分以外の力も加わっていますので思わぬ動きで手などをはさまれたり、移動している物が倒れたりすることがあります。声を掛け合い、動作ごとに相互に安全を確認するようにしてください。

なお、体格や体力が違う人と共同で物を運ぶときは、一方に負担がかかって危険になることがありますので注意しましょう。

71

(3) 台車で運ぶ

　手押し台車を使うことは、事務所などでもよくありますが、運搬時の事故は少なくありません。人力で運ぶときの注意事項(70頁参照)に加えて、台車の特徴を理解して安全に利用するようにしてください。

台車を利用するときの主な注意事項

● バランスよく荷物を載せる(中心またはやや手前に重心がくるように載せるなど)。

● 荷物を積み下ろしするときは、ストッパーなどで台車が動かないようにする。台車を脚で押さえつけて荷物を積み込んだりしない。

● 制限荷重以上に物を載せない。

● 載せた物が移動中に滑り落ちないように積む(固定する)。

● 液状の物が入った容器は蓋をして内容物がこぼれ出ないようにする。

● 荷物を高く積み上げない(視界の妨げになるような積み方はしない)。

● 曲がり角では一旦停止するなど安全を確認してから進む。

● 通路の溝などに車輪がはまり込まないようにする(溝に直角に進む、溝を埋めるなど。エレベーターの扉の溝なども注意がいる)。

● もし移動中に荷物が崩れそうになったら、一旦停まって荷物を積みなおす。

● 台車(ハンドル)から手を放すときは、ストッパーや歯止めなどで台車が動かないようにする。

● 坂になっていたり、デコボコのある通路での移動は、台車を支えられなくなったり、荷物が落下したりすることがあるので、無理をしないで他の方法で運搬する。

● 台車に人を乗せない。

● 台車移動中に、他の台車や柱・壁などにぶつかって手をはさまれないようにする。台車を持つ位置に気を付ける。

● 運搬経路でトラックやフォークリフトなどと接触する危険があるときは、周囲にも特に気を付ける。

（4）運搬機械等で運ぶ

　人力で運べない重量物などの運搬にはクレーン（移動式クレーン、天井クレーン、電動ホイストなど）、フォークリフト、自動車（乗用車、ライトバン、トラック、トレーラー等）、荷物専用エレベーターなどを使うことがあります。ウインチ（巻上げ機）などを利用することもあります。これらの運搬機械については、法令で管理や使用の基準が決められていますが、一般的共通的な留意事項としては次のようなことがあります。

機械等を利用して運搬するときの主な注意事項

● 積載荷重・定格荷重（運ぶことのできる限界重量）の範囲内で利用する。

● 運搬中に荷物が崩れないように積み込む。

● 運搬する物の重心をできるだけ低く、かつ中心にくるようにする。

● 転がったり滑ったりする可能性がある物は、ロープを掛けてまとめたり、容器に入れたりして運搬中に荷崩れしたり重心が不安定にならないようにする。

● とても大きな力で動くので、動いているときに安易に手を出したり近づいたりしない。

● 人を運んではいけない（自動車の荷台にも人が乗ってはいけない）。

　これらの運搬機械を運転するためには免許や教育の受講が必要な場合がありますし、クレーンで荷物を吊り上げる際に玉掛け作業を行うときには、法令で決められた講習や教育を受ける必要があります。（32、33頁参照）

　公道で車両を使う場合は、道路交通法で決められた基準を守らなければなりません。道路交通法の適用を受けない事業場構内でも道路交通法の規定に準じた取り扱いを行うことが必要です。

　二輪車（オートバイ、原付）や自転車の荷台に荷物を載せて運ぶとき

も、転倒の危険がありますので注意が必要です。

　トラックやトレーラーの荷台への荷物の積み下ろしのときに、荷台からの転落や荷物にはさまれるという事故も少なくありませんので、安全な作業方法を確認して作業をするようにしてください。

　また、荷物を積み下ろしたり、固定（固縛）したりするときにワイヤロープ、チェーン、ベルトスリング、布ロープ等のロープ類とフック、クランプ（固定金具）、ボルト等を使うことがあります。これらの用具についても、荷物の重さに十分耐えられるものを選択する、安全点検したものを使用する、適正な方法で使用するなどといったことが欠かせません。なお、道路走行中などにトラック等の荷台から積荷が落下すると大事故につながることがあります。しっかりと荷を固定（固縛）することが必要です。

地球上では重力の働きで、高いところから低いところに物は落ちます。人も同じで、高いところから落ちたり（墜落・転落）、転んだり（転倒）することがあります。工場や建設現場だけでなく、事務所を含めてどこでも起こる可能性があります。日本の死傷災害（休業4日以上）の3分の1以上が墜落・転落と転倒が原因となっています。

（1）落ちないようにする

墜落・転落は大きなケガにつながります。60kg（人の体重相当）の物が上から落ちてきたときの衝撃を想像してみてください。

高所での作業では、墜落防止の柵などの囲いを設置するなどの対策をとることが原則です。墜落の可能性がある場合は墜落制止用器具を使用しなければなりません。「自分は大丈夫」だとか「仕事のじゃまになる」などといって墜落制止用器具を使わないという考えは間違っています。めったにないと思うかもしれませんが、墜落すれば命を失ったり大ケガをする可能性が少なくありません。

仕事を進める中で、墜落のおそれがある開口部ができる場合（例えば、マンホールなどの蓋を開ける、建設工事の進行過程で開口部ができるなど）は、仮設の柵などで囲って注意標識を付けるなどして墜落防止の措置を行わなければなりません。工事の進行過程などでできる開口部を足場板などで仮にふさぐこともありますが、十分な強度のものを使い、ずれないようにする必要があります。これらの場合は、夜間など暗い中でも仮の措置がしてあることが誰にでもわかるように照明を付けておくなどの対応も必要です。

資材の搬入で墜落防止の柵などを一時的に外す場合は、その周辺では

墜落制止用器具を使用しなければなりませんし、搬入などの作業が終わればすぐに柵などを元の状態に戻すことが必要です。倉庫などで資材や製品搬入用のデッキが設けられている場合がありますが、この場合も手すりなどがなければ墜落制止用器具の使用が必要です。

　高い所にある物が落ちてきて当たってケガをするということもあります。落下のおそれがある物は、そのような場所に置かないようにすることが基本です。どうしても置く必要がある場合には固定することが必要です。

開口部注意

（2）はしごや脚立などを安全に使う

墜落・転落災害の約4分の1がはしごや脚立からの転落が原因です。はしごや脚立は、身近なものですが、安全に使うためには守らなければならないことがあります。

はしごを安全に使う

- 不安全な状態のはしご（腐食したり変形したりしている、滑り止めが付いていないなど）は使わない。

- 安定した場所（すべらない、脚が沈みこまない、左右の傾きがないなど）や状態で使用する。

- 安全な角度（75度、はしごの取扱説明書や貼付シールに記載がある）で立てかける。

- 立てかける相手側の強度がある場所に、はしごの上端が60cm以上出るように立てかける。

- はしごの上方と下方を固定する。ロープなどで固縛する、固定できない場合は補助者が下で支えるなどしてはしごが倒れないようにする。

- はしごを昇降するときは、手に物を持って（片手がはしごを握れない状態で）昇降しない。

- 靴底が滑りやすい状態（油がついているなど）の靴で昇降しない。

- はしごから横に身を乗り出したり、のけぞったりしない。長いはしごは特に危険で、はしごの上の方からの転落災害が多い。

- 高所での作業は、できるだけはしごに乗ってではなく、仮設の足場や移動足場などの作業床の上でするか、高所作業車を利用して行う。

- 保護帽（墜落時保護用）を着用して作業する。

脚立を安全に使う ▶「はしごを安全に使う」の注意事項に加えて

- 開き止めの金具をキチンとはめて使う。
- 伸ばしてはしご代わりに使わない。
- 天板（最上部）の上に立って作業しない（転落の可能性が高い）。
- 天板をまたいで立ったり、天板の上に座って作業しない（脚立ごと後方に倒れる）。
- 身体を反らした状態やひねった状態で使用しない（脚立と一緒に倒れる）。

事務所などで、回転イスや折りたたみイスに乗って、物の上げ下ろしをしたり、照明灯を交換したり、高いところを掃除したりしている人を見かけたことはありません

か。大変危険ですので、安定した踏み台などを使いましょう。

（3）荷台などからの転落

　トラックや特殊な車両（92、93頁参照）の運転席への乗り降りや、特殊な車両に搭載された機械装置の操作を行うためのステップから転落するという災害も少なくありません。トラックなどの荷台の上での荷物の積み下ろしの作業、ロープ掛け作業、シート掛け作業も転落に結び付く危険な作業です。足元の安全をしっかり確認して足場を確保し、安定した姿勢で作業をするようにしましょう。また、荷台に載せる荷物が荷崩れして転落につながることもありますので、荷崩れしない積み方をすることは転落防止のためにも大切です。

（4）通路や作業場での転倒

　通路や作業床が滑りやすかったり（水、油、粉、紙などがある）、つまずく物（段差、でっぱりなど）があったりすると転倒の可能性が高くなりますし、高所なら転落につながることもあります。このような状態があれば、滑る原因を取り除く（清掃する）、つまずく原因になる物を除去することが必要です。とりあえずの措置として、標識などで注意喚起することも大切です。

　移動する場合は、定められた通路を通ります。近いからといって段差を飛び下りたり、製品の上を歩いたり、設備の上を乗り越えたり、立入禁止区域を通ったりしてはいけません。また、出入口や曲がり角など見通しの悪いところでは、一旦立ち止まって安全を確認してから通るようにしましょう。通路上や通路周辺で作業していることも（フォークリフトや天井クレーンで荷物を運んでいるなど）ありますし、対向してくる人がいるかもしれません。

　階段は転落して大きなケガにつながる可能性のある場所です。階段で

転ぶと下まで転落したり、ステップの角に頭を打ち付けたりすることがあります。かけ下りたり、段を抜かして下りたりしたことはありませんか。滑ったり、踏み外したりしないように足元を確認して一段ずつ注意して上り下りしましょう。

　通行のときだけではありませんが、急いでいるとき、あわてているときは、ケガをする可能性が高くなりますので気を付けましょう。ポケットに手を入れて歩いたりすることも危険ですのでやめましょう。

　通勤用を含めて、靴底が滑りやすい靴は避けましょう。滑りにくい靴でも長く使っていると底が摩耗して滑りやすくなるので注意が必要です。通勤などで履くことがある高いヒールのある靴などは、足をくじいたり、階段などで転倒したりしやすいので、履くときは注意してください。

　また、冬に路面が凍ったり、雪が積もったりしたときは、転びやすくなることは誰でも知っています。それでも毎年転倒の事故があります。慎重に行動しましょう。

6 道具・工具を使う

（1）道具・工具などを使う

　仕事では、さまざまな道具・工具を利用します。ほとんどの道具・工具には硬い金属（多くの場合は鋼）が使われており、人の力だけではできない作業を、道具・工具の金属特性（硬い、鋭利など）や梃の原理などを利用して効率的にできるように工夫されたものです。誤った使い方をすると、危険なことはみなさんが知っているとおりです。道具・工具は誰でも使うことができますが、人が直接加えることができる力を上回る力を生み出すことができるので、その力（全部または一部）が人に向いたときにはケガに結び付きます。それぞれの特徴に応じた安全で正しい使い方をしてください。用途や能力に応じた使い方が基本です。

道具・工具の取り扱い時の注意点（ハンマーの例）

● いきなり強く打つのではなく、軽くたたいてから徐々に力を入れて打っていく。

● 硬い物をたたくと破片が飛ぶことがある。必要に応じて保護めがねや衝立板を使用する。

● 鋼製のハンマーヘッド（たたく部分）の打撃面にカエリ（長期間使用している間に打ち付ける平坦な面から外に薄く出た伸び）があると、打ち付けたときにカエリがとれて飛ぶ可能性がある。

● ハンマーを振り下ろす方向に人がいないことを確認して作業を行う。振り下ろしたときにハンマーヘッドが柄から抜けて飛ぶことがある。

　また、道具・工具は使っていると、摩耗したり、締付け部が緩んできたりして、十分な機能が発揮できなくなったり、ケガに結び付いたりすることがあります。間違った使い方をすると傷みがはげしくなったり、

壊れたりします。道具・工具は正しく使うことを基本として、使った後は汚れを取る（油や泥などが付いたりしたらきれいに除去しておくなど）、傷んだりしていないか点検をして整備（部品を交換する、緩みを締める、磨くなど）してから片付けるようにします。使う前にも安全に使える状態になっているか必ず確認しましょう。道具・工具を大切に丁寧に扱うことが効率的で安全な作業にもつながります。

　事務用品として家庭でも利用するカッターナイフやハサミなども注意して取り扱う必要があります。このような刃物でも、力を入れて使っているときに身体に当たれば大きなケガをすることがあります。血管を切ってしまったり、太ももに刺さってしまったという事例もあります。刃物で切る方向には手を置かないようにし、原則として自分の身体や共同作業者の身体の方向に刃物を動かさないようにしましょう。

道具・工具の例

ハンマー、スパナ（レンチ）、ドライバー、やすり、バール、スコップなどがあります。工事などで使用するクランプ、チェーンブロック、手動油圧ジャッキ、万力などもあります。飲食店や食品加工工場では用途別の包丁など、木造建築建設の仕事ではのこぎりやかんななどの各種の大工道具と、それぞれの仕事に固有の道具・工具があります。

ヨシ！
不良品はなし

いい仕事を
するためには
準備が大事！

V

(2) 動力を用いる工具を使う

　職場には動力を用いて動かす工具もあります。動力として電気を用いるものが多いですが、エンジンを利用するものや圧縮空気（圧空）を利用するものなどもあります。目的に応じてさまざまな工具がありますが、回転を利用するもの、打撃力（上下の動き）を利用するもの、熱を利用するものが大半です。

　これらの工具は動力を用いるため、間違った使い方をしたり、整備不良の状態で使うと可動部が破損したり、作用部が身体に触れたりするなどして大きなケガにつながることもあります。人の力で使う道具・工具と同じで、正しい使い方をする、本来の用途以外に使用しない、安全に使えるように点検整備することが安全に取り扱うための基本です。また、可動部などに身体が触れないようにカバーが取り付けられていたり、スイッチの誤操作防止対策がされていたり、動力を用いることによるケガを防ぐための安全対策がされていますので、これらの安全対策を有効な状態にして使うことが必要です。本来あるべきカバーが外れた（壊れた）グラインダーなどを使用してはいけません。

　電気を動力源とする工具の中には、漏電時の感電防止のためにアースをつなぐことが必要な工具もあります。この場合は、確実にアースをつなぐようにしましょう。

　また、工具のスイッチを入れて（ONにして）から電源を入れる（コンセントを差し込む）と、電源を入れたとたんに動き出し、ケガをすることがあります。操作の手順を守ることが大切です。

　動力を用いる工具の大半は、使用するとき大きな音（騒音）が発生し、使っている人の手に振動も伝わってきます。聴覚保護具（防音保護具）を着用して作業をしてください。振動工具は、連続作業時間の

制限が設けられていたり、防振手袋を着用して作業をすることが必要な場合もあります。また、使用に伴って粉じんが発生する工具もあります。防じんマスクを着用するなどにより粉じんを吸い込まないようにしてください。

よく利用される手持ち式工具

- 電気ドリル
- 電動ドライバー
- インパクトレンチ
- はんだごて

- ハンドグラインダー
- 電動のこぎり
- チェーンソー
- 草刈り機

- コンクリートブレーカー
- エンジンカッター
- ポリッシャー

7 火災や爆発を防ぐ

　火災は、燃焼によって発生します。燃焼は、熱と光の発生を伴う酸化反応のことです。燃焼を起こすには、①燃える物（可燃性の物）、②酸素（支燃物）、③点火エネルギー（点火源）という「燃焼の3要素」が必要です。燃焼の3要素のうちの一つでもなければ燃焼しません。可燃性のガス（気体、引火性の液体から蒸発する場合を含む）の場合は、空気・酸素との混合割合によっても燃えるかどうかが決まります。可燃性のガスと空気との混合割合が燃焼可能な状態になる範囲を燃焼範囲（爆発範囲）と言います。基本を理解して、火災や爆発が起きないようにしましょう。

(1) 火災を防ぐ

　職場での火災予防の基本は、燃える物（可燃性の物）をキチンと管理することです。事務所であれば書類等が散乱していたり、工場などの現場では油（潤滑油、切削油等）や油の付着したダスト（ホコリ）が設備や床にたまったり、危険物が職場内に放置されていたりすると、火災の発生や拡大につながりやすくなります。火災予防の観点でも整理整頓と清掃は重要です。

　また、可燃性の物（液体や気体）を取り扱う設備がある場合は漏えい防止なども重要になります。電気設備では過電流などが火災につながることもありますので正しく使用することが必要です。（62、63頁参照）

　点火源となるものには、火炎、火花（切断火花、溶接火花、電気設備のスイッチの入り切り、静電気、金属同士がぶつかることなどで発生）、高温物などがあります。可燃性の物と点火源を同時に存在させないような管理が必要です。実際には、物によって着火に必要なエネルギー（最小着火エネルギーと言います）が違います。

燃焼の3要素

O₂ O₂

支燃物
（酸素）

爆発
燃焼

可燃性
の物

点火源

自然発火

油ボロ

（2）火災が発生したら

　万が一、火災が発生したら人命第一で対応することが基本です。職場内での連絡、消防署等へ通報、初期消火、避難などを行うことになります。小さな火災だからと軽くみて、自分一人で対応しようとして、かえって火災が広がってしまうことがないようにしてください。

　初期消火は、消火器や水・砂などを用いることが一般的です。消火器は、火災の種類に応じて使い分ける必要があります。職場にある消火器を確認しておきましょう。

消火器管理の主なポイント

● 必ず決められた場所に設置しておく（訓練の後に元に戻すなど）。

● 設置場所がすぐわかるように表示しておく。

● すぐ取り出せるように周りには物を置かない。

● 水がたまる場所などに置かない（錆びると使ったときに破裂することがある）。

● 消火剤は有効期限が切れる前に交換する。

　消火には、空気との接触をなくし、冷却するために水や砂を使うことがあります。消火用水槽の水は蒸発したりこぼれたりして減ってしまう可能性がありますので、いつでも十分な量があるようにしましょう。また、炭酸ガス消火設備等がある場所では、炭酸ガス（二酸化炭素）による酸欠等のおそれがあるので、どのような場合に使用されるのか（使用するのか）をよく理解しておくことが大切です。

　消火訓練などが職場で行われるときは積極的に参加して、いざというときにスムーズに消火活動ができるように備えるとともに、防火意識を高める機会としてください。

適応火災 / 消火器の種類	普通火災 （A火災） （木材、紙、繊維などが燃える火災用）	油火災 （B火災） （石油類その他の油類などが燃える火災用）	電気火災 （C火災） （電気設備などの火災用）
泡消火器	●	●	
二酸化炭素消火器		●	●
粉末ＡＢＣ消火器	●	●	●
強化液消火器	●	●（霧状）	●（霧状）

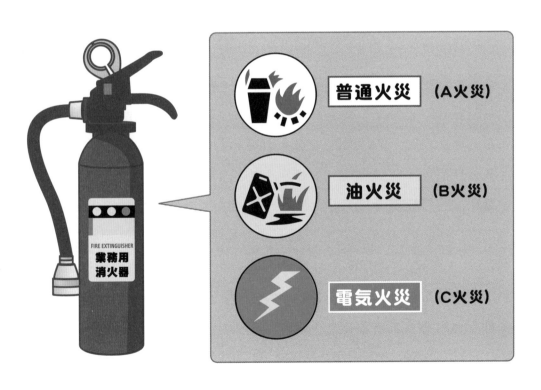

普通火災 （A火災）

油火災 （B火災）

電気火災 （C火災）

（3）爆発を防ぐ

　爆発は、衝撃波を伴って気体等の体積が急激に膨張する現象のことです。化学反応による爆発（基本的には燃焼と同じ原理で発生）と水蒸気爆発があります。破裂も含めて爆発と言うこともあります。化学反応による爆発の一つとして細かい粉末状の酸化性物質（金属、小麦粉などの食品など）が高濃度で存在するときに起きる粉じん爆発もあります。

　爆発は、事業場で働く人のケガにつながるだけでなく、地域にも大きな影響を及ぼすことがあります。爆発による爆風（衝撃波）の影響だけでなく、有害な化学物質の漏えいを伴うこともあります。

　爆発の可能性のある物質を取り扱う化学プラントなどでは、爆発を起こさないために、プラントの設計や管理（操業、保守など）の基準が決められ適用されています。管理基準（マニュアル等）に従った作業をすることが爆発防止の基本です。万が一、異常に気付いたらすぐに上司や関係者に連絡して爆発防止の対応を行います。異常は計器（温度、圧力、流量、成分など）だけでなく五感（目、耳、におい等）で気付くこともあります。

　爆発は化学物質を取り扱うプラントでなくても、可燃性の物（液体や気体）を使っているところではどこでも発生する可能性があります。例えば、LPGなどの空気より比重の重い可燃性の気体（引火性の液体から蒸発した重い気体も同じ）がピットなどにたまって引火して爆発することもあります。また、比重に関係なく閉じられた空間（部屋の中など）に可燃性の気体がたまると爆発の可能性があります。可燃性の気体や引火性の液体の取り扱いには細心の注意が必要です。

　水蒸気爆発は、水などが高温の物質に接触したときに急激に膨張す

る（一気に蒸気（気体）になる）ことによって起こります。高温の物の上から水などをかけても蒸発するだけですが、たまった水などの上に高温の物が覆いかぶさると蒸気の逃げ場がなく爆発します。特に高温の溶融金属を取り扱うときには注意が必要です。

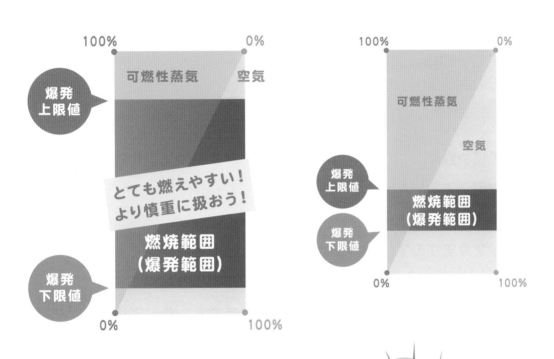

火災の危険性が大きい物質とは…

 燃焼（爆発）範囲が広い
→燃焼（爆発）する危険性が高い。

 燃焼（爆発）下限値が低い
→空気中にわずかに漏れても燃焼（爆発）する危険がある。

❽ 特殊な車両を知る

　職場では、荷役運搬機械や建設機械などさまざまな特殊な車両が使われています。いずれも小さな力で操作（ハンドル操作など）できますが、動力源（エンジン、バッテリー）からの大きな出力を仕事に利用しています。

　これらの機械の多くは、法令で安全確保のために実施すべき管理などが定められています。

（1）特殊な車両との接触

　工場や倉庫などでは敷地内をフォークリフトや大型車両などの特殊な車両が走っていることがあります。後輪操舵だったり、運転席からの視界に死角があったり、一般の乗用車と違って思わぬ動きをすることがありますので特に注意が必要です。自分から見えていても運転している人が気付かないこともあります。このような特殊な車両との接触は大事故につながることが少なくありません。歩いているときだけでなく、自転車やバイク（自動二輪）に乗っているときにも十分な注意が必要です。なにより近づかないことが一番です。特殊な車両の運行経路は、職場で決められていますので確認しておきましょう。

　土木工事などでは、特殊な車両のすぐ近くで作業をすることがありますが、回転するカウンターウェイト部やショベルカーのバケットとの接触などがないように、作業場所の区分、作業指揮者の下での作業、合図に従った行動などが必要です。

(2) 特殊な車両の運転・操作

　特殊な車両の運転・操作には、法令で定められた資格の取得や教育の受講が必要なことがあります。無資格で運転・操作してはいけません。資格を取得して運転・操作をすることになった場合は、安全のために決められた方法で運転・操作するとともに、接触防止には細心の注意をはらいましょう。また、特殊な車両では、運転席や付属装置の操作台への昇降時に足を滑らせるなどして転落するケガも少なくありません。飛び下りてケガをすることもあります。手すりなどをしっかり持って、足元を確認して昇降しましょう。

特殊な車両の例 通称（正式名称でない呼び方）で記載している。職場では商品名で呼ばれていることもある。

フォークリフト、小型バッテリー式フォークリフト、ターレットトラック、移動式クレーン、ユニック車、高所作業車、ショベルカー、ストラドルキャリヤー、トラック、ダンプカー、タンクローリー車、散水車、コンクリートミキサー車、ゴミ収集車、スイーパー

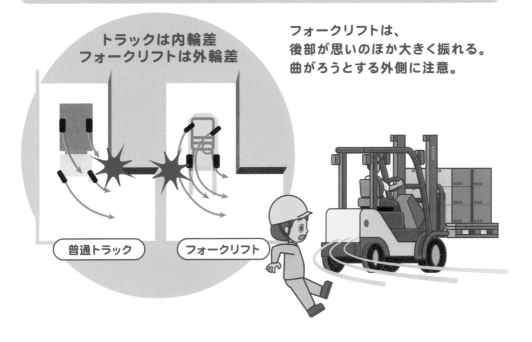

トラックは内輪差
フォークリフトは外輪差

フォークリフトは、
後部が思いのほか大きく振れる。
曲がろうとする外側に注意。

普通トラック　フォークリフト

夏になると高齢者や運動中の学生の熱中症が話題になりますが、熱中症は年齢に関係なく発症する可能性があります。職場によっては屋外での仕事や、高温環境下での仕事がありますので、熱中症予防について正しい知識を持って対応することが必要です。

熱中症とは
高温多湿な環境の中で、体内の水分と塩分（ナトリウムなど）のバランスが崩れたり、体内の調整機能が破たんするなどして発生する障害。最悪の場合は死亡することもある。
熱中症の主な症状
めまい、失神（たちくらみ）、筋肉痛、こむらがえり、大量発汗、頭痛、気分の不快、吐き気、嘔吐、倦怠感、虚脱感、意識障害、けいれん、手足の運動障害、高体温

熱中症の予防には、作業環境の管理や、作業時間と負荷（強度）の管理など職場として実施すること以外にみなさん自身が気を付けなければならないことがあります。

参考：暑熱環境の評価に使われるWBGT値
Wet-Bulb Globe Temperature（湿球黒球温度、暑さ指数）
　気温、湿度、輻射熱（直接照りつける熱）から算出される熱ストレスの評価指数。WBGT計で測定されることが多く、暑熱職場の管理の指標として使われる。作業の強度や着ている作業服などの種類によって適用する基準が異なる。

自分自身でも気を付けたい熱中症予防

● 暑熱環境に徐々に慣れるようにする（順化、1週間くらいかけて徐々に暑熱環境に慣れる）。いきなり暑熱の環境で仕事をすると熱中症になりやすい。

● できるだけ通気性のいい、吸湿性・速乾性のある衣服を着用する。

● 水分・塩分やスポーツドリンクをこまめに摂取する。のどが渇く前にこまめに摂取する。必要なときに摂取できるように準備しておく。

● 休憩時は涼しい場所（冷房のある場所、日陰など）で休憩する。

● 日常の健康管理に気を付ける。睡眠不足、前日の深酒、朝食抜きがないようにする。

● 体調不良（風邪による発熱、下痢など）の場合には作業前に上司に申し出る。

● 作業中に体調が不良になったら、速やかに上司や同僚に申し出る。

熱中症になったら

　自分自身や同僚に、もし熱中症を疑う症状がみられる場合は、早めに涼しい環境への退避、脱衣・身体の冷却、水分・塩分の摂取などの対応を行います。意識が清明でない場合や自力で水分が摂取できない場合は、すぐに医療機関への搬送が必要ですので救急隊を要請します。医療機関では、身体を冷やす措置や脱水症状がみられる場合の点滴などの治療が行われます。

　軽度なうちに対応することが大切で、回復も早くなります。暑熱の職場で仕事をする場合には緊急連絡の方法なども職場で確認しておいてください。

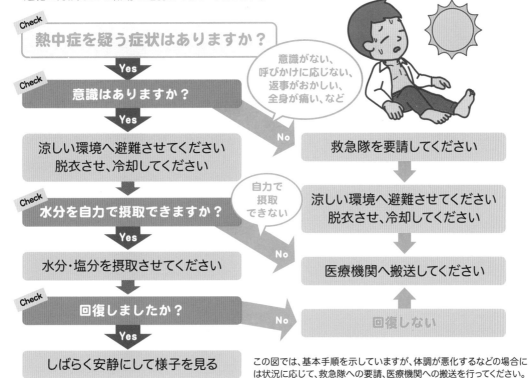

この図では、基本手順を示していますが、体調が悪化するなどの場合には状況に応じて、救急隊への要請、医療機関への搬送を行ってください。

　私たちは職場でも家庭でもパソコン、タブレットやスマホをはじめとするさまざまな画面表示(ディスプレイ)付きのデータ処理用機器(安全衛生管理の分野では、「情報機器」と呼びます)を利用しています。タッチパネル型の操作盤も工場や事務所、街中でもたくさん利用されています。

　情報機器は、短時間の利用であればいいのですが、長時間集中して利用した場合には、眼や筋骨格系(首、肩、手首、手指など)に特有の負担がかかることがあります。よく知られているのが眼の疲れです。肩こりや手指・手首の痛みなどを感じることもあります。

　技術の進歩とともに情報機器はどんどん種類が増えてきましたが、それぞれの情報機器に合った適切な使い方をすることが大切です。情報機器を使用する人は自分自身でも負担を減らす工夫をするようにしてください。

　私生活でも、同様です。スマホなどでのゲームが好きな人もいると思いますが、過度な負担にならないように工夫をしてください。

　当然のことですが、車・自転車などを運転しながらのスマホなどの使用は絶対にしてはいけません。歩きながらの使用も危険ですので立ち止まって使用しましょう。

情報機器等による負担を減らすための考え方

● 同じ姿勢、不自然な姿勢で作業を長く続けない。

● 画面を凝視し続けない（眼をこらして見続けない。ときどき遠方を見る）。

● 私生活では情報機器等を使わない時間を持つ（スマホやゲーム機、パソコン等を使わない趣味も持つなど）。スマホ等を使っていて時間が経つのを忘れて睡眠不足にならないようにする。仕事に支障がでたり、集中力が落ちてケガをするようなことになってはいけません。

● 連続作業が１時間を超えないようにする。できれば、他の仕事（書類を確認するなどでも）と組み合わせて仕事をする。ときどき身体を動かしたり（ストレッチ体操をするなど）、眼を休めるようにする。

テレワークも健康的に

　自宅などでのテレワーク（リモートワークと言われることもあります）が取り入れられている職場があります。自宅などでは、仕事のしやすい状態や環境を自分で整えるようにすることが必要です。いろいろと工夫してみましょう。また、仕事のペースや時間等も自己管理することが必要になります。熱中し過ぎて過度な負担にならないようにしてください。これらのことを含めて、困ったことがあれば、上司や先輩、同僚に連絡を取って相談しましょう。メールや会議システムではなく、個別に電話したり、場合によっては対面で相談したりした方がいいこともあるでしょう。どのような方法が可能か、事前に上司に確認しておきましょう。

■ 情報機器等による負担を減らす工夫の具体例

負担の少ない姿勢にする工夫

- ●ディスプレイの位置、キーボード、マウス、イスの座面の高さ等を自分に合った状態に調整する。

- ●ディスプレイの上端を眼の高さと同じか少し下にする(自然な視線の向きに合わせ、眼だけでなく首や肩にも負担がかからないようにする)。

- ●イスの座面を自分に合った高さに調整する(イスの高さを調整するだけで大きく負担が変わる)。

- ●イスに座ったときに脚^{あし}が机の下に窮屈でなく入るようにする(上半身がいつも前屈みにならないようにする、机の下に書類や物を置いて脚^{あし}の入る空間がなくならないようにする)。

- ●同じ姿勢を続けることを避ける(肩が凝ったり、手首が疲れたりしないように姿勢を適宜変える)。

- ●書類等を見ながらの作業であれば、書類等をできるだけディスプレイの近くの(下方の)見やすい場所に置く。眼からディスプレイと書類の距離を同じ程度にするといいと言われている。

眼の負担を減らす工夫

- ●ディスプレイの明るさ(輝度、コントラスト)を調整する・・・
  明るすぎると負担がかかる。

- ●ディスプレイへの映り込み(グレア)を減らす・・・
  向き、照明や外光を調整する、衝立などを利用する。

- ●ディスプレイを近づけすぎない・・・
  40cm以上がいいとされている。

- ●矯正めがね(近視、遠視、乱視)を使用している場合は、仕事に合った度のものを使用する・・・
  焦点距離などが合っていないと負担が増える。

- ●ディスプレイにホコリや汚れが着いたら掃除する。

- ●眼の乾燥を防ぐために意識的に遠方を見てまばたきをする。

- ●扇風機などからの風が眼に直接当たり続けないようにする。

キーボードやマウスによる負担を減らす工夫

● 肘や手首が浮いた状態にならないようにする・・・
　キーボードやマウスの位置を変えるだけで負担が減ることもある。

● 手首が反った状態が続かないようにする・・・
　手首を支える工夫(1〜2cm位の厚みの物を手首の下に入れるなど)を
　する。

● 腕が内向きになるような位置で使う・・・
　腕が外に向いた状態だと肩などの負担が大きい。

スマホやタブレットを使うときの注意

● 手や肘を浮かせた状態を続けない・・・
　画面に指を触れて操作することが多く、手や肘を浮かせた姿勢は肩等
　の負担が大きくなる。

● 下向き姿勢(首を折り曲げたような姿勢)を続けない・・・
　座って膝の上にスマホなどを置いて操作することがあるが、首を折り
　曲げた状態を続けると首への負担が大きくなる。

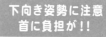

下向き姿勢に注意
首に負担が!!

V

　重い物を取り扱ったり、不自然な姿勢で作業をしたりすると腰痛になる可能性があります。

　予想外の負担がかかることによっても、腰痛などが起きることがあります。「重いと思っていたのに軽かった」「重心の位置がまったく予想外の位置にあったり不安定だった」「手が滑った」などです。足元が不安定でよろめいたときや不自然な姿勢で物を持つときにも大きな負担がかかります。介護などで支える相手（介護対象者）が思わぬ動きをして腰などに大きな負担がかかることがあります。ケガに結び付くおそれもあります。

　何も持っていなくても、数十kgの自分の体をいわゆる"足腰"で支えています。不自然な姿勢は、体重を支える腰への負担が大きく、腰痛の原因になることがあります。長時間同じ姿勢で仕事をすると腰痛や首や肩の痛み（こり）などに結び付くことがありますので、ときどき姿勢を変えたり、軽い運動をしたりするようにしましょう。

　また、"物"と体の重量によってかかる力は垂直方向だけでなく、モーメント（回転させる力）もあり、軸となる腰に大きな力が加わります。"物"を持つときは「背筋を伸ばして身体に近づけて持つ」「肩より上に持ち上げない」「向きを変えるときは足の向き（立つ向き）を変える」ことも必要になります。「背中を丸める」「身体を反らせる」姿勢や「身体をひねる」動きは、腰に負担がかかります。「腕（肘）を肩より上に上げる」ことは、「身体を反らせる」ことになります。このようなことを避け、腰痛にならないように気を付けてください。

VI 安全で快適な環境のために

　会社は、みなさんが安全に、より快適に仕事をしてもらえる環境の
整備に努めています。環境をよくするための設備を有効に使うなど、
みなさん自身にも気を付けてもらいたいことがあります。

気体（ガス）や液体、粉じんなどの内容物が漏れないように作られている設備があります。目的はさまざまで、保管設備（タンク、水槽など）、化学反応させるための装置や反応槽、粉砕して加工する装置、酸化（外気（空気）などとの接触）を防ぐための密閉装置、作業環境や外部環境への有害物などの漏出を防ぐための密閉設備などがあります。

これらの設備から内容物が漏れ出さないような管理が必要です。搬送ダクト（配管）なども同じような管理が必要です。内容物が水や蒸気であっても、漏れ出すと、職場や仕事に大きな影響を及ぼす場合があります。漏れの主な原因は、接合部や扉などからの漏れ（閉め忘れ、ボルトや止め具の緩み・不使用、パッキンの劣化など）、設備の老朽化（腐食、歪みなど）、衝撃による変形（何かがぶつかったなど）です。

内容物が危険物や有害物の場合は特に注意が必要です。管理の方法は職場で決まっていますが、もし漏れ出している状態を発見したときには、上司に報告するなどして速やかな対応に結び付けてください。

密閉設備ではありませんが、外部からの粉じんなどの流入を防ぐように内部を清浄な空気で陽圧にした室（クリーンルームも同じ）があります。扉などの開口部になる可能性のあるところをキチンと管理するなど、外部から余分な空気が侵入しないようにすることがが必要です。

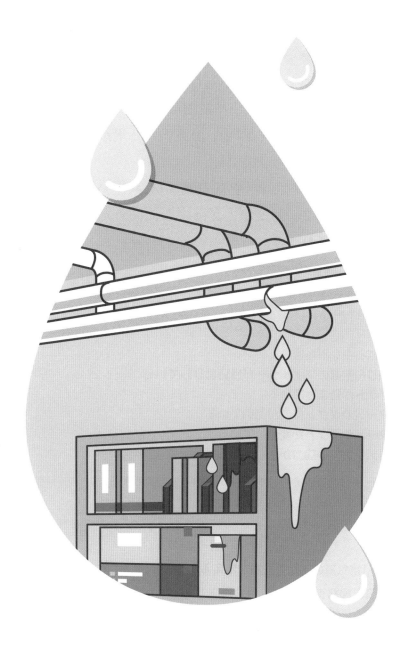

　有害なガス・蒸気や粉じんなどを職場（作業場）に拡散させずに排気する設備として局所排気装置があります。飲食店の調理場や家庭のコンロなどの上にあるフード付きの排気装置も局所排気装置です。「局排」と省略して呼ばれることもあります。局所排気装置は、フード（吸い込み口）、排気ダクト、除じん装置などの空気清浄装置（無いものもあります）、排気ファン（排風機）、排気口から構成されています。移動式（可搬式）のものもあります。

　局所排気装置は微弱な気流（空気の流れ）を利用して有害な粉じんなどを外に出しますので、効果が上がるように使うために実施しなければならないことがあります。

局所排気装置を有効に使うために

● **点検・整備する**‥‥もともと持っている性能を十分に発揮させるための維持管理を行う。

　考えられる主な不具合:
　　❶**除じん装置のフィルターが目詰まりしている**
　　❷**ダクトが詰まっている**
　　❸**フードやダクトに穴が開いている**
　　❹**フードやダクトが変形している**
　　❺**排気ファンの能力が落ちている**

● **排気フードを近づける**‥‥粉じんなどの発生源にできるだけフードを近づける、排気フードの近くで作業する。

● **排気フードの向きを調整する**‥‥フードを動かすことができる場合は、飛散する粉じんなどを受ける方向にフードを向ける。

● **ダンパー(排気量の調整や流路を変えるための弁)を適切に調整する**

● **妨害気流を抑制する**‥‥扇風機や建物の外からの風（外気流）によって排気の気流が影響を受けないようにする。

● **空気の流れを確認する**‥‥排気する空気がどこから入ってくるのか（流れてくるのか）を確認して粉じんなどが効率的に排気できるようにする。例えば、局所排気装置のある作業室に空気の取り入れ口がないために排気能力が十分発揮されないときは、窓や扉等を少し開けて外から空気が入ってくるようにするなど。

プッシュプル型換気装置によって有害な粉じんなどを排出すること
もあります。発生する有害な粉じんなどをプッシュ気流で排気フード
まで誘導して吸引（プル）するようにしたものです。

局所排気装置

プッシュプル型
換気装置

　作業場や事務所などの空気を入れ替えたり、高温の空気を排気したり、粉じんなどを希釈したりするために使われます。自然の空気の流れ（暖かい空気は上昇するなど）を利用した自然換気と、機械（もっとも身近なものは換気扇）を利用した機械換気があります。

　全体換気装置を有効に使うためにも空気の流れを考えることが必要です。トイレの換気扇の横の窓が開いていれば、換気扇は窓から入ったきれいな空気を外に出すだけでトイレ全体の換気の効果はほとんどありません。事務所や詰所の換気扇は空気の入口がなければ換気扇が空回りしているだけで換気の効果はほとんどありません。窓や出入口の開閉だけで換気の効果が大きく変わることがあります。また、換気扇の前や空気取り入れ口の前に物を置いて空気の流れを妨害しては効果が上がりません。効果が発揮されるように使用しましょう。

　新型コロナウイルス（COVID-19）などの感染症対策として職場で行う換気も全体換気になります。換気効果を考えて実施することが必要です。

　密閉されたタンクや槽、掘削したトンネル、地下に通じるマンホールなどの中に立ち入るときは、酸欠や硫化水素中毒などになるおそれもありますので、換気をしてから入ることになります。換気の方法としては排気する方法と送気する（空気を入れる）方法、両者を併用する方法がありますが、いずれの場合も空気の流れがうまく作れなければ全体の換気効果は期待できませんので注意が必要です。このような場所に立ち入るときは有害な物が残存（発生）していないか、酸欠になっていないかを測定などで確認することが欠かせません。なお、有害な物が入ったタンクや槽に立ち入るときも事前に有害な物を排出・除去して換気してから入ることが必要です。

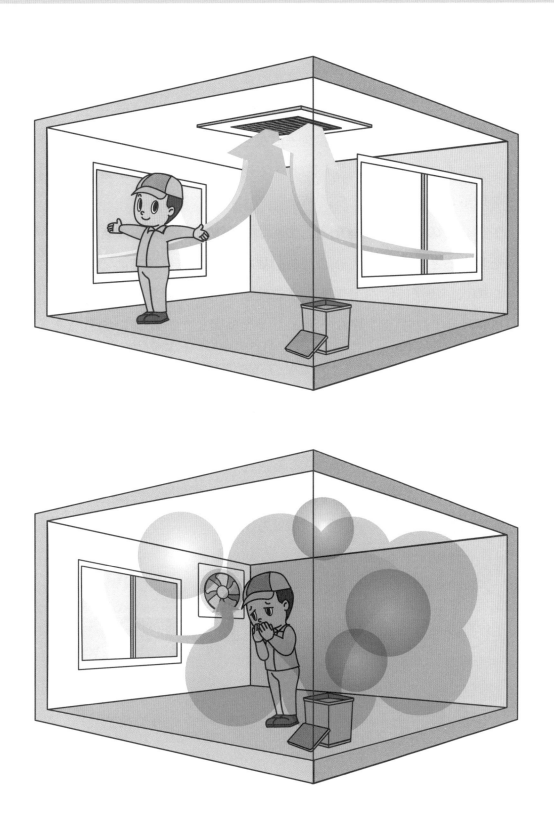

　家庭も含めてエアコンを利用することがよくあります。特に冷房を使用するときは注意すべきことがあります。

　エアコンは、温度調整された空気を吹き出すタイプが一般的ですが、①室内の温度は必ずしも均一にならない、②吹き出し気流が直接人に当たることがある、③人によって快適に感じる温度が違うことなどを理解しておきましょう。

　エアコンの風が直接当たるとつらい人がいる場合は、吹き出しの方向を変えるとか席を変えることも必要な場合があります。できるだけ多くの人が快適に使用できるようにする配慮が必要です。冷房使用時には、自分でひざ掛けやカーディガンを準備した方がいい場合もあるでしょう。

⑤ 見やすくする

　照明は仕事に欠かせません。仕事が効率的に間違いなく安全にできるように照明を適切に使いましょう。電球が切れていたり、汚れて照度が落ちているときは、速やかに交換したり清掃するようにしましょう（自分たちでする、手配するなど）。外光（外からの光）がまぶしくて、ものが見えにくくなることがあります。必要なときは、机（作業台）の向きを変えたり、遮光する（衝立やカーテン等を利用する）などの工夫をすることも大切です。

　照明が暗かったり、直接光や反射光が目に入ったり、一部だけ極端に明るかったり、強い光によってできた影が仕事の邪魔になったりするときは、見やすくなるように工夫しましょう。局所照明（電気スタンドなど）が有効なこともあります。また、夜間の通路などが暗くて見えにくいときは、懐中電灯など携帯用の照明を使いましょう。

　また、明るい屋外から屋内に入ったり、逆に暗い所から急に明るい所に行くと目がなじまず、転んだり、物にぶつかったりすることがありますので注意が必要です。時間が経てば目が慣れますから、このような場合は落ち着いて行動しましょう。

　騒音のある職場では、実施されている騒音対策設備（防音設備や遮音装置など）を確実に使いましょう。窓を閉めたり、衝立を立てたりすることで騒音が小さくなることもあります。耳栓などの聴覚保護具の使用が決められている職場・作業では必ず使用します。

　機械等の整備が不十分なために騒音が発生することもあります。このような可能性があると思ったときは上司に相談してみましょう。

　私生活で、ヘッドホンやイヤホンを使うことがあると思いますが、大音量の音を長く聞くと難聴になることがありますので注意してください。

7 有害な光をさける

　アーク溶接の光には強い紫外線が含まれていて、見つめていると電気性眼炎(電光性眼炎、雪眼も原因は同じ)になることがあります。プレゼンテーションで使用するレーザーポインターにはレーザー光が使われています。レーザー光は普通の光と違って発光源からほとんど拡散せずに遠くまで届きますので、人の目に入らないように使うことが大切です。私たちはさまざまな光を仕事や私生活で利用しています。私たちが見ることができる光(可視光線)以外に、紫外線、赤外線、マイクロ波、エックス線なども光の仲間(電磁波)で、強度もさまざまです。有害な光もありますので、それぞれの特性に合わせて安全な使い方をするなどの対策が必要です。

VI

Ⅶ 日常生活でも気を付けよう

　会社の中だけでなく、安全のために気を付けなければならないことがあります。交通安全や地震発生時の対応など、社会の安全にも関わることですので、会社の一員としてだけでなく、社会の一員としても、的確な行動が取れるようにしてください。

　労働災害のうち、死亡災害の約20%、休業4日以上の災害の約5%は交通事故によるものです。被害者として考えるだけでなく、加害者にはならないということもとても大切です。みなさんは、社外からは会社の一員としてみられます。会社の顔としての自覚も持って、仕事中だけでなく、私生活や通勤時も交通ルールやマナーを守り、交通事故にあったり起こしたりしないようにしてください。

（1）安全な運転のために

　急がなければならないことがあるかもしれませんが、どんなときでも交通ルールを守った安全な運転をしてください。交通ルールはケガをしないために守らなければならないだけでなく、自分の立場を守ることにもつながります。加えて、自分自身で運転中に危険(例えば、前の車が急ブレーキを掛けるかもしれない、物陰から人が飛び出すかもしれない)を予測して、より安全な運転に結び付けてください。このような運転を防衛運転と言い、交通安全のための危険予知を交通KYと呼んでいます。

　自転車の加害事故も要注意です。仕事で利用する自転車で事故を起こすと会社の責任も問われることがあります。

　なお、スマホなどを使いながら(見ながら)、車や自転車を運転しては絶対にいけません。

（2）事故を起こしたときは

　万が一、加害事故を起こしたときは、被害者の救済を第一に考えて行動してください。被災者の状態を確認して救急車を呼びます。軽い

事故の場合でも、警察に連絡してその指示に従ってください。業務中や通勤途上の事故であれば、会社に報告することも必要です。当然ですが、被害者になった場合も、会社などへの連絡が必要です。

（3）飲酒運転は絶対しない

　飲酒運転は犯罪です。絶対にしてはいけません。自動車はもちろん、自転車も法令上は車両です。飲酒しての自転車の運転も飲酒運転です。

　お酒が入ると気が大きくなり、「これぐらいなら大丈夫」と思いがちですが、たった一回の誤った判断が、人の命を奪ったり、あなた自身の人生を台無しにしたりすることにもなります。飲酒運転など悪質な交通違反は会社名が公表されるなど会社全体の信用も傷つけることになり、先輩や同僚にも肩身の狭い思いをさせかねないことも心にとどめておきましょう。

　地震や火災が発生したときや労働災害が発生したときの緊急連絡体制が職場ごとに決められています。夜間・休日であっても必要なときは緊急連絡体制に従って必要な連絡をしてください。会社を離れていても緊急連絡が必要なことがありますので、自分が連絡すべき連絡先はいつでもわかるようにしておきましょう。

　地震が発生したときの対応は会社で決まっています。どのように行動すればいいのかよく確認しておいてください。勤務中の地震発生の場合は、帰宅せずに会社にとどまる方が安全な場合もあります。地域によっては津波に襲われる可能性のある場所もあります。安全な避難場所と避難ルートの確認も大切です。大きな地震が発生したときは、会社は社員の安否確認を行います。この確認に携帯電話などが使われることもありますので、会社の安否確認の方法をよく理解しておきましょう。出張中に地震に遭ったりしたときは、会社からの連絡を待つだけでなく、自分から会社に連絡をすることも必要です。

　地震以外でも、火災や浸水などで緊急対応や緊急避難をしなければならないことがあるかもしれません。職場でどのようなことが想定されており、その対応をどのようにするかについて確認し、理解しておきましょう。避難ルート（非常口、非常階段など）も必ず確認しておいてください。緊急避難用具などが備えてあることもありますので使えるようにしておきましょう。

　会社では、緊急時の対応についての訓練が行われることがありますので、積極的に参加して、万一のときに冷静に行動できるようにしておきましょう。また、職場には救急対応用の器材（担架や救急箱など）がありますし、ＡＥＤ（自動体外式除細動器）が設置されている場合も

あります。防災用の備品も含めて、どのようなものがどこに置いてあるか確認しておきましょう。

地震に備える

　地震の揺れで物が倒れたり、崩れたり、落ちたりすることがあります。商品倉庫や小売店の棚などから商品が落下してケガに結び付いたり、破損したりすることもあります。職場に危険を感じるような置き方の物があれば、安定した状態に置き直しましょう。事務所でも棚などの転倒防止措置が必要なところもあります。キャビネットや本棚の上などの高い所には、重い物は置かないようにしましょう。

　労働災害などケガが発生した場合に一番先にしなければならないことは被災者の救助です。万が一、命に関わるようなケガが身近で起きたときは迷わず救急車を呼びましょう。外見上大きなケガに見えなくても、頭を強く打った可能性があるときや、意識がはっきりしていないときも同じです。救急隊が到着するまでは被災者に対して救急処置をすることが必要です。心臓が止まっているときの胸骨圧迫（心臓マッサージ）やＡＥＤによる処置などの心肺蘇生と出血時の止血（強く出血部を押さえて圧迫するなど）が基本になります。やけどの場合は、軽い場合でも流水で冷やすことが救急処置として大切です。なお、被災者を動かさない方がいいケースもあるので、救急車を要請したときに実施すべき救急処置について通信員に確認して指示を受けることもできます。

　このように重篤な事態でない場合も、治療が必要なケガのときは速やかな医療機関の受診が必要です。小さな出血でも傷口から菌が入って治療が長引くことになったり、ケガをしたときは大したことがないと思っても後で痛みが強くなって骨折がわかるというケースもありますので、安易な判断をしてはいけません。職場で急病人が発生したときもケガの対応と基本的に同じです。熱中症が疑われるときの対応は前述（95頁参照）のとおりです。

　また、被災した状況によっては危険な場所などから被災者を救出することが必要になります。救出時に救出者も被災する（二次災害と言います）ことがないように安全に行うことが大切です。機械ならば機械を停止して確実に動かないようにして、感電ならば電源を落として充電部分をなくしてから救出するということになります。酸素欠乏（酸欠）や急性中毒（一酸化炭素中毒など）のおそれがあるタンクや槽な

どでは、空気呼吸器の着用、酸素濃度などの測定や十分な換気をして救出しなければ、救出しようとした人も酸欠や中毒で倒れてしまいます。有害な物質などが漏れ出しているときは、配管等の遮断措置が必要なこともあります。救出が困難な場合は、レスキュー隊（消防署の特別救助隊）を要請した方がいいこともあります。

　救急処置・救出活動とも、やむを得ない場合を除いて一人でするのではなく、同僚などと一緒にすることになります。職場の関係者への連絡を直ちにしてください。

　身近で同僚などがケガをしたり、倒れたりすると、気が動転してしまうことがありますが、周囲の状況も確認しながら、できるだけ落ち着いて対応しましょう。もし、自分自身が仕事中にケガをしてしまった場合も、すぐに上司に報告して治療を受けるようにしましょう。「これぐらいは大丈夫」と自分で決め込んでしまってはいけません。

　なお、職場で発生した仕事によるケガの治療には、健康保険ではなく労災保険から医療費が出ることになります。

VII

VIII 健康に過ごす

　みなさんの安全と健康はみなさん自身やご家族、そして会社にとってかけがえのないものです。健康で生き生きと仕事に取り組んでもらうことが、会社での仕事の基本です。健康に関わることについて、このテキストでも幅広く説明していますが、私たちの周辺には、さまざまな健康に関連した情報があふれています。本当に役に立つ情報を見極めて、健康に結び付けてください。

　会社でのみなさんの健康管理に関する取り組みや考え方を知り、みなさん自身の健康保持増進に結び付けてください。

（1）心とからだの健康づくり

　私たちの身体や心の健康は、生活習慣などの影響を受けます。あまりに片寄った生活は健康にマイナスです。バランスのとれた食事と適度な運動を取り入れた健康的な生活リズムを作り上げていきましょう。

　もちろん人は病気になることもあります。病気になったら早く治すことが一番です。無理をして治療を長引かせてしまったり、さらに悪化して長期に療養(休業)しなければならなくなっては、自分自身もつらいですし、家族や職場にもかえって負担をかけることになります。病気かもしれないと思ったときには、医療機関を受診したり、家族や会社の健康管理スタッフや上司などに相談したりしてください。

　なお、厚生労働省は、「働く人の心とからだの健康づくり（ＴＨＰ（トータル・ヘルスプロモーション・プラン））」を推進しています。生活習慣を見直したり、継続的で計画的な健康づくりを進めたりすることで、働く人がより健康になることを目標にしています。ＴＨＰに限らず会社が実施している健康保持増進の取り組みにも積極的に参加するようにしましょう。

（2）健康診断と会社の健康管理

　法令で事業者は労働者の健康診断を定期に行うことが義務付けられています。みなさんは会社が行う健康診断を受診しなければなりません。健康診断は、全員が受診対象となる定期健康診断（一般健康診断と呼ばれることが多い）や、有害な物を取り扱う業務などに従事する人を対象にした健康診断（特殊健康診断と呼ばれることが多い）などがあります。健康診断では、血圧や尿などの検査のほかに医師による既往歴の調査や自覚症状の検査等も行われます。健康診断の結果は、受診者本人に報告されるとともに、会社や産業医によってみなさんの健康管理のためにも活かされることになります。健康診断の結果によっては、健康指導や就業上の配慮が行われることもあります。

　みなさん自身が健康診断を自分の健康管理に役立てようという気持ちを持つようにしましょう。

身長

血圧

腹囲

　心の健康のために心がけたいことは、一言で言えば、前向きな気持ちをいつも持つということですが、置かれた状況や性格などによってさまざまです。間違いないことは、つらいことがあっても、時間の経過とともに状況は変わりますので、「今」の状況に限定して考えたり判断したりせずに、「置かれている状態は変わっていく」「自分自身でも変えていく」といった考え方を持つことも大切でしょう。

　また、自分にあったリフレッシュの方法（スポーツ、軽い運動、趣味、外出、買物、外食など）を見つけて、仕事や生活にメリハリをつけることも前向きな気持ちを持ち続けることにつながるでしょう。仕事では、課題をやり遂げたときの自分へのちょっとしたご褒美を考えておくこともいいかもしれません。

　悩みがあれば、小さなことでも他の人（家族、友人、同僚など）に話すことで解決の糸口が見えることがよくあります。話すことによって自分自身の状態を自分で理解し、自分で解決していく方向を見出すことにもつながります。

　なお、職場の同僚や友人のいつもと違う様子（調子が悪そう）に気付いたら声を掛けてあげましょう。話を聞いてあげることだけで、不調が解消されることもあります。じっくり聞くことが大切で、問題を解決してあげようと思う必要はありません。深刻な印象を受けるようでしたら、上司や健康管理スタッフに相談してください。

心の健康（メンタルヘルス）問題についてわかりやすく説明している「こころの耳」というサイトを厚生労働省が開設しています。必要なときはのぞいてみましょう。

「こころの耳」－働く人のメンタルヘルス・ポータルサイト

| こころの耳 | 検索 | https://kokoro.mhlw.go.jp/worker/ |

　国の調査では「仕事や職業生活に関することで強い不安、悩み、ストレスになっていると感じることがある」人が労働者の半数を超えています。仕事は他の人や組織との関わりの中で行うことになりますから、自分の思い通りにいかずに、「しんどい」とか「つらい」と感じることもあると思います。このために睡眠不足になったり、体調不良になったり、落ち込んでしまうこともあるかもしれません。

　このようなストレスが原因で心の健康を損ねてしまうことがあります。仕事上の問題や人間関係、家庭の問題などのさまざまなことがストレスになる可能性があります。ただし、何がストレスになるか、どの程度のストレスがダメージになるか、ストレスを受けるとどのような反応が出るか、ストレスを乗り越えるにはどのようにすればいいかなどは人それぞれです。適度なストレスが前向きな気持ちにつながることもあります。

　みなさんがストレスを感じ、自分で乗り越えるのが少ししんどいと思ったら家族や信頼のおける友人、会社では上司や同僚に相談してみましょう。健康管理スタッフや専門家（心療内科（メンタルクリニック）など）にサポートしてもらうことが解決の近道になる場合もあります。自分が思っている以上にたくさんの人たちがあなたのことを支えたいと思っているものです。自分だけで問題を抱え込まないことが大切です。多くの場合、早めの相談が早く問題を解決したり、体調を回復することにつながります。

　なお、会社には法令に基づいた面接指導やストレスチェックの制度がありますので、この制度を活かして面接指導を受けることもできます。

長時間労働者に対する面接指導制度

　長時間労働者に対する医師による面接指導の制度があるので必要なときには指導を受けてください。長時間労働による脳血管疾患と虚血性心疾患の予防やその他の心身の不調への早期対応を目的として、長時間労働(1月当たり100時間以上の時間外・休日労働の場合など)に従事し疲労の蓄積がみられる人が対象で、本人の申し出により実施されます。

ストレスチェック制度

　年に1回、医師、保健師などによって行われます。ストレスチェックの結果は、チェックをした医師、保健師などから本人に直接通知されます。高ストレスのため面接指導を受ける必要があるとの結果であれば、希望すると面接指導が受けられます。

　仕事を組織としてやり遂げたり、安全に仕事をするために上司や先輩から厳しい指導を受けることもあるかもしれませんし、ひょっとしたら同僚や後輩から指摘されることがあるかもしれません。みなさん自身が同僚や後輩に対して指導したり、指摘したりする場合もあるでしょう。

　しかし、このような指導や指摘で、その本質とはまったく関係のない人格をさげすむような言葉や、属性（男女の差、体型・風貌、障がいの有無、出身地や学歴の違いなど）との関連を持ち出したりすることはあってはなりません。また、できるはずもない過剰な要求をしたり、相手をとことん追い込んで立ち上がれなくするような発言は指導ではありません。言葉でなくても行動や態度が同じような受け止め方をされる場合もあります。本人に対しての直接の言動でなくても、間接的だったり、インターネットへの書き込み（ＳＮＳなど）でも同じことです。このようなことがあると、いやな気持ちになることはあっても、発奮するような気持ちに結び付くことはないでしょう。

　このようなケースに限らず、職場のみなさんが気持ちよく組織の一員として前向きに働くことができるように、会社ではパワハラ（パワーハラスメント）、セクハラ（セクシュアルハラスメント）などがない職場づくりを進めています。会社はハラスメントに関する相談窓口を用意しなければならないことになっていますので確認しておきましょう。

　食事は身体を動かすエネルギー源ですし、脳を働かせるエネルギー源にもなっています。できるだけ毎日同じ時間帯に朝・昼・夕の食事を取りましょう。交替勤務する人も、勤務に合わせて3度の食事を規則正しく取るように心がけましょう。

　朝食を抜いたり、コーヒーなどの飲み物だけで済ませてしまう人がいますが、身体も脳もしっかりとした栄養を求めています。安全に仕事をするためにも、充実した一日のスタートとしての朝食を必ず取るようにしましょう。

　夕食は、就寝する2～3時間前には終えることが肥満防止にも睡眠にもいいといわれています。出張や残業などで帰りが遅くなって遅い時間に取らざるを得ないことがあるかもしれませんが、日頃は就寝直前の食事は避けるように心がけましょう。

　また、食事はバランスを考えて、過剰にも過少にもならないように気を付けましょう。食事前のお菓子や甘い飲み物（炭酸飲料など）は、お腹が膨れて、バランスのいい食事を取ることができなくなる原因になりますので、できれば避けるようにしましょう。ポテトチップスや唐揚げなどの揚げ物、スイーツが好きな人は、摂取カロリーが過剰になることがあります。気を付けてください。

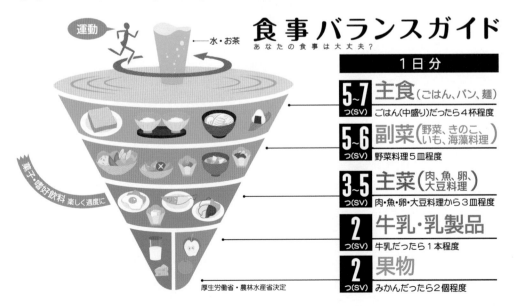

運動　←水・お茶

食事バランスガイド
あなたの食事は大丈夫？

1日分

5～7つ(SV) **主食**（ごはん、パン、麺）
ごはん（中盛り）だったら4杯程度

5～6つ(SV) **副菜**（野菜、きのこ、いも、海藻料理）
野菜料理5皿程度

3～5つ(SV) **主菜**（肉、魚、卵、大豆料理）
肉・魚・卵・大豆料理から3皿程度

2つ(SV) **牛乳・乳製品**
牛乳だったら1本程度

2つ(SV) **果物**
みかんだったら2個程度

菓子・嗜好飲料 楽しく適度に

厚生労働省・農林水産省決定

6 お酒を楽しく

　職場の懇親会や友人との会食などでお酒を飲む機会があると思いますが、お酒の飲み過ぎが健康によくないことはみなさん知っていると思います。飲み過ぎに注意して、翌日のことも考えてみんなで楽しめる範囲にとどめましょう。

お酒の飲み方、勧め方

● 20歳未満はお酒を飲んではいけないし、絶対に飲ませてはいけない。妊娠している人や授乳している人も同じ。

● 絶対に他の人にお酒を飲むことを強要してはいけない。日本人の半数近くはお酒に弱い（アルコール分解酵素が少ない、またはない）タイプと言われている。まったくお酒が飲めない人もいる。

● 一気飲みをしてはいけないし、させてはいけない。毎年のように一気飲みをして急性アルコール中毒で亡くなる人（大半は若い人）がいる。

● 深酒は避ける。たくさん飲んだり、夜遅くまで飲んでいると、翌日まで血液中にアルコールが残ることがある。この状態で車を運転すると飲酒運転となるし、仕事にも影響する。

● お酒を飲んだ後は慎重に行動する。お酒を飲むと、自分では大丈夫だと思っていても集中力は落ちているし、バランス感覚などの身体の機能も低下している。飲み過ぎて階段で足を踏み外したり、交通事故にあったりするという例もある。お酒を飲んだときには普段以上に慎重に行動する。

7 タバコとマナー

　タバコが健康によくないことはみなさん知っています。タバコの煙の中のさまざまな発がん性物質を吸い込むだけでなく、高濃度の一酸化炭素も吸い込むことになります。タバコを吸ったから必ずがんになるわけではありませんが、肺がんをはじめとするいろいろな器官のがんになる確率が高くなることがわかっています。吸う本数が多くなるほど、吸う期間が長くなるほど影響が大きくなります。

　自分自身の健康に悪いだけでなく、副流煙等（タバコの先から出る煙や喫煙者が吐き出す煙）が周囲にいる非喫煙者の健康にも悪い影響を与えます。

　また、いまだにタバコの火が原因の火災がすべての火災の10%程度を占めますし、タバコのポイ捨てや子どものやけど・誤飲などの問題もあります。

　いったんタバコを吸う習慣がつくとなかなかやめられません。喫煙習慣のない人はタバコを吸わないようにしましょう。喫煙習慣のある人も禁煙にチャレンジしましょう。どうしてもやめられない人はできるだけ吸う本数を減らしていきましょう。

　職場では原則として屋内（敷地内）禁煙とされています。決められた喫煙場所でしかタバコを吸うことはできませんし、路上喫煙で地域に迷惑をかけるようなこともしてはいけません。また、有害な化学物質を取り扱う作業場や危険物を取り扱うなど火気厳禁の作業場など喫煙が禁止されている場所もあります。

　学生時代などにスポーツをしていた人が、スポーツをやめた後に太ったという話がよくあります。運動量が減ったのに食事量は変わらないといったことが原因かもしれません。消費エネルギー（カロリー）と摂取エネルギーのバランスを考える必要があります。一方、過度に摂取エネルギーを少なくする（ダイエットする）と身体の機能を健康に保てなくなりますので、バランスの取れた食事と適度な運動を心がける必要があります。

　運動によって筋肉量が増え（減らないようにして）、基礎代謝（生命を維持のために使われるエネルギーで、寝ていても消費される、内臓・脳の機能を維持する）量が増えると、免疫力（病気への抵抗力）も高まるといわれています。腹筋・背筋など身体を支える筋肉や脚の筋肉は運動機能を支えるだけでなく、腰痛の予防にも結び付きます。また、若いときにはあまり気にならない生活習慣病の予防にも結び付きますし、適度な運動は心のリフレッシュにも役立ちます。

　こまめに身体を動かす生活習慣を身に付けるとともに、ウォーキングやストレッチなど長く続けられる運動を生活のリズムの中に取り入れましょう。もちろんスポーツが好きな人はスポーツを通して心身の健康保持増進につなげてください。どのような仕事でも身体を使いますが、ほとんどの仕事では身体の使い方に片寄りがありますので、仕事で身体を使うから運動は不要と考えずに、仕事外での自分に適した運動を心がけましょう。

　適度な睡眠は健康の基本です。仕事中に眠くなるような寝不足は、心身の健康にも安全にもよくありませんし、仕事の能率も落ちます。寝不足の原因はさまざまです。ストレスがたまって「寝付けない」、「早朝に目が覚めてしまう」といった状態が続くときは、健康管理スタッフや医療機関に相談しましょう。

　また、睡眠時無呼吸症候群も眠りを妨げる原因の一つです。いびきがひどい場合は睡眠時無呼吸症候群の可能性があります。専門の医療機関で診察を受けてください。寝不足だけでなく循環器系の病気などの原因にもなると言われています。

いい睡眠をとるために

- 規則正しい生活を送る。同じ時刻に寝て（横になって）、同じ時刻に起きるようにする。
- 寝る場所は暗く静かにする。必要に応じてエアコンなどを使って寝室の温度を調整する。
- 寝具を自分に合ったものにする。寝室の温度に合った寝具を選択する。
- 休日も普段通りに起きる。同じ時刻に起きることで眠くなる時刻も一定になる。
- 朝起きたら外の光を浴びる。体内時計がリセットされ、起床してから15〜16時間後に眠気に誘われるようになると言われている。
- 寝不足だからと意気込んで無理に寝ようとしない。かえって眠れなくなることもある。このようなときは、眠くなったら寝るというくらいの気持ちの方がよく眠れることがある。
- 寝る前に睡眠を妨げることをしない。寝る3〜4時間前からコーヒー、紅茶、緑茶などカフェインの摂取を避ける。寝る直前までスマホを見ていたり、ゲームをしたり、気持ちがたかぶることはしない。明る過ぎる状態は避ける。
- 眠りを誘うことをする。ぬるめのお風呂に入る、照度を落として静かな音楽を聴く、軽いストレッチをするなど自分に合った方法で心身をリラックスさせる。
- 深酒は控える。寝酒は寝付きをよくする面はあるが、アルコールはかえって眠りを浅くしてしまう。

　感染症とは「病原菌やウイルスが体内で増えることで起きる病気」のことを言いますが、大ざっぱに言えば「人にうつる病気」と考えておけばいいでしょう。風邪のように身近なものから、エボラ出血熱などのように重症化する可能性の高いものまであります。

■感染症の主な広がり方と種類

感染の広がり方	説　明	該当する感染症
飛沫感染	咳やくしゃみの飛沫で広がる、飛沫が接触感染の原因になることもある	いわゆる風邪、インフルエンザ、新型コロナウイルス感染症（COVID-19）、風疹など
空気感染（飛沫核感染）	飛沫の水分が空気中で蒸発して飛沫核（微粒子）になっても感染が広がる	麻疹（はしか）、結核など
接触感染	皮膚や粘膜を通して感染が広がる	性感染症、エボラ出血熱など
経口感染	感染動物由来の肉や、糞便で汚染された水などを飲食して感染する	病原性大腸菌（O157など）、赤痢など
昆虫媒介感染	蚊などの媒介生物を介しての感染が広がる	日本脳炎、マラリア、デング熱など

　海外との取引きや人の往来が非常にたくさんあるので、海外由来の感染症が国内で広がる可能性もあります。新型コロナウイルス感染症（COVID-19）も海外由来と言われています。また国内でもかつてはよくみられた感染症で、対策が徹底されて非常に少なくなっていたものが、予防接種などによる免疫（感染症に抵抗する身体のシステム）獲得が十分でない世代があったりすることで、再発生すると多くの人が感染してしまう可能性がある感染症もあります。また、インフルエンザウイルスのようにウイルス自身がどんどん変異して、せっかく人が獲得した免疫をかいくぐって感染を広げるウイルスもあります。

```
感染
（身体の中にウイルスや細菌が入ってくる）
   ↓
発症
（症状が出る）
   ↓
療養・治療
   ↓
回復
（症状が無くなる）
   ↓
完治
（身体の中からウイルスや細菌がいなくなる）
```

ウイルスや細菌による飛沫感染・空気感染

ウイルスや細菌を
排出
（ほかの人にうつす可能性）

飛沫感染

咳やくしゃみ

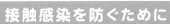
接触感染を防ぐために

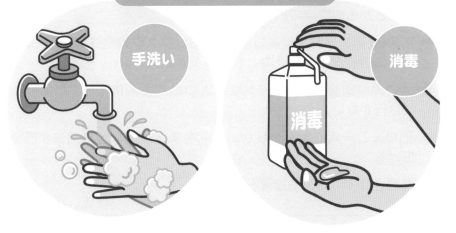

手洗い

消毒

消毒

（1）感染症を広げないために

　感染症に自分自身がかからないように気を付けることに加えて、もしかかってしまったら他の人にうつさないようにしましょう。家族や友人への感染や地域内での感染拡大を防ぐために気を付けることと、職場内で気を付けることは基本的に同じです。

　職場では、特別な場合を除いて、飛沫感染（感染者からの飛沫や唾液などが付着したものに触って口などに入る接触感染を含めて）と空気感染による感染の広がりに特に注意が必要です。インフルエンザなどの感染性の強い感染症にかかった場合は、他の人へうつさないように気を付けましょう。なお、症状がみられなくなっても、感染力が残っている場合がありますから、この点も注意が必要で、医療機関などの指導に従います。

飛沫感染・空気感染を防ぐために気を付けたい主な点

● 治療を受ける。早めに治療を受けることで回復も早くなる。

● 仕事を休んで休養する。職場で感染が広がることを防ぐことにもつながる。

● 石けんでの手洗い、手指の消毒を徹底する。手に付いた飛沫や鼻水などからの感染の広がりを防ぐ。

● マスク（不織布製が望ましい）をする。マスクは飛沫の拡散も防ぐ。近くにいる人との会話のときには欠かせない。

● 人ごみや集会・コンサートなど人のたくさん集まっているところには行かない。

● 他の人と一緒に食事をしない。話をするときなどの飛沫が感染を広げる。

● 推奨されている予防接種を受ける。

感染症の広がりがみられる時期には、感染した人が身近にいるかどうかに関わらず、手指を介して感染（接触感染）することがありますので、食事など（手指が口などに触れるとき）の前には必ず手洗いや手指の消毒を行うようにしてください。

（2）新型インフルエンザ等発生時などの対応

人類が免疫を獲得していない感染症が一気に拡大すること（感染爆発、パンデミック）があります。世界的に大流行した新型コロナウイルス感染症（COVID-19)やよく耳にするものとして新型インフルエンザがあります。強毒性の感染症が流行すれば、健康面の影響に加えて、社会や経済も混乱することが予想され、国も医療機関の体制整備など万一の場合に備えることになります。ただし、ウイルスの特性等が最初からすべて解明されるわけではありませんので、試行錯誤しながら対策に取り組むこともあるでしょう。

感染が一気に拡大するおそれのある感染症が広がった、あるいは広がる可能性のある状況のときには、行政の対応にも呼応して会社としても拡大防止の対応を取ることになります。個人の判断で行動することは避けなければいけません。どのように対応すべきかについて職場で確認しておきましょう。

IX むすび

　安全衛生管理は、知識として知っているだけでなく、実際の仕事に活かさなければ意味がありません。このテキストに書いてあることは共通的で基本的なことだけですので、このテキストの内容を入口にして、職場の具体的な安全衛生管理に必要な知識と技能を身に付けて、安全で健康に仕事をしていってください。そして、みなさんが、自分自身の安全と健康だけでなく、より安全な職場づくりに貢献できるような人になっていってくれることを期待しています。

執筆者

福成雄三（ふくなりゆうぞう）

（公財）大原記念労働科学研究所特別研究員

労働安全コンサルタント（化学）

労働衛生コンサルタント（労働衛生工学）

日本人間工学会認定人間工学専門家

　住友金属工業㈱（現：日本製鉄㈱）に入社。以後、安全衛生関係業務に従事。日鉄住金マネジメント㈱社長を経て、2016年6月まで中央労働災害防止協会教育推進部審議役。

新入者安全衛生テキスト

平成29年1月31日	第1版第1刷発行
令和4年1月31日	第2版第1刷発行
令和6年2月29日	第6刷発行

編　　　者	中央労働災害防止協会	
発 行 者	平 山　　剛	
発 行 所	中央労働災害防止協会	
	〒108-0023	
	東京都港区芝浦3丁目17番12号	
	吾妻ビル9階	
	電話 販売 03-3452-6401	
	編集 03-3452-6209	
印刷・製本	㈱アイネット	
デ ザ イ ン	ア・ロゥデザイン	

乱丁、落丁本はお取り替えいたします。　　　　　©JISHA 2022

ISBN 978-4-8059-2029-9　C3060

中災防ホームページ　https://www.jisha.or.jp